어린이를 위한
청소부 밥

JANITOR BOB: Korean Children's Edition
Copyright ⓒ 2007 by Todd Hopkins and Ray Hilbert
All rights reserved.

Korean translation copyright ⓒ 2008 by Wisdomhouse Publishing Co., Ltd.
Korean translation rights arranged with Doris S. Michaels Literary Agency, Inc.
through EYA(Eric Yang Agency).

이 책의 한국어판 저작권은 EYA(Eric Yang Agency)를 통한
Doris S. Michaels Literary Agency, Inc. 사와의 독점계약으로
(주)위즈덤하우스가 소유합니다.
신저작권법에 의하여 한국 내에서 보호를 받는 저작물이므로
무단 전재와 복제를 금합니다.

어린이를 위한
청소부 밥

토드 홉킨스 · 레이 힐버트 원작 | 전지은 글 | 최수연 그림

위즈덤하우스

원작자 토드 홉킨스(Todd Hopkins) · **레이 힐버트**(Ray Hilbert)

토드 홉킨스는 미국 2천여 개의 건물에 청소 서비스를 제공하는 오피스 프라이드의 설립자이자 대표입니다. 공저자 레이 힐버트는 재치 있고 열정적인 강연으로 이름난 리더십 강연자입니다. 『청소부 밥』을 통해 전 세계 수많은 독자들에게 감동과 지혜를 선사한 이들은, 한국의 어린이들이 밥 할아버지와의 만남을 통해 지혜롭게 성장하기를 바라고 있습니다.

어린이를 위한 청소부 밥

초판 1쇄 발행 2008년 2월 11일 **초판 41쇄 발행** 2023년 5월 1일

원작 토드 홉킨스 · 레이 힐버트
글 전지은 **그림** 최수연
펴낸이 이승현

출판2 본부장 박태근
MD독자 팀장 최연진

펴낸곳 ㈜위즈덤하우스 **출판등록** 2000년 5월 23일 제13-1071호
주소 서울특별시 마포구 양화로 19 합정오피스빌딩 17층
전화 02) 2179-5600 **홈페이지** www.wisdomhouse.co.kr

ⓒ 토드 홉킨스 · 레이 힐버트, 전지은, 최수연 2008

ISBN 978-89-6086-082-7 74800

* 이 책의 전부 또는 일부 내용을 재사용하려면 반드시 사전에 저작권자와 ㈜위즈덤하우스의 동의를 받아야 합니다.
* 인쇄 · 제작 및 유통상의 파본 도서는 구입하신 서점에서 바꿔드립니다.
* 책값은 뒤표지에 있습니다.

밥 할아버지가 들려주는 여섯 가지 지혜

추천의 글
밥 할아버지와 함께하는 행복 수업

　사실, 우리 주변에서 밥 할아버지 같은 분을 만나기란 쉽지 않습니다. 어른들의 질문은 한결같이 "공부 잘하니?"뿐이니까요.
　하지만 밥 할아버지의 말씀이 옳습니다. 이 세상에는 '학교 성적 1등'보다 중요한 것들이 많이 있습니다.
　가족이 그렇고, 좋은 취미를 갖는 것도 중요합니다. 다른 친구들을 존중하는 마음 또한 중요합니다. 1등을 한다고 해서, 경쟁자를 이긴다고 해서 행복해지는 것은 아닙니다.
　밥 할아버지는 우리가 사는 이 세상에서는 만나기가 어려운 분입니다. 밥 할아버지처럼 훌륭한 인격과 높은 지혜를 두루 갖춘 분을 찾아내기란 쉽지 않지요.

하지만 밥 할아버지의 말씀처럼 '여유'를 가지고 주변을 둘러보면 사람들의 또 다른 모습을 발견할 수 있습니다. 바로 모든 사람이 우리에게 전해 줄 지혜를 가지고 있다는 점이지요.

부모님부터 선생님, 심지어 친구에 이르기까지 우리 곁에는 경험과 교훈을 흔쾌히 나누어 줄 사람이 매우 많습니다. 우리가 여유를 갖고 귀를 기울인다면 그들 모두가 밥 할아버지가 될 수 있을지도 모릅니다.

우리는 행복을 위해 살아갑니다. 그런데 행복해지기 위해서도 배움이 필요하다고 합니다. 저절로 얻어지는 건 아무것도 없다는 게 세상의 이치라고 합니다.

이제 책을 펴고 밥 할아버지와 함께 행복을 배워 볼까요? 저는 1등을 위한 공부, 남을 이기기 위한 공부보다 행복을 위한 공부가 훨씬 더 중요하다고 생각합니다.

— 한상복(『배려』의 저자)

차례

추천의 글 밥 할아버지와 함께하는 행복 수업　　　　　6

밥 할아버지와의 만남　　　　　10
과학 서클　　　　　21
할아버지의 등　　　　　33
오렌지색 수첩　　　　　55
농구공　　　　　67

가족	78
투덜대기 전에	98
과학 경시 대회	118
외톨이	131
난 달라질 거야	142
실마리가 풀리다	159
지혜를 얻는 법	176
마지막 인사	196

밥 할아버지와의 만남

"후유, 춥네."

크리스는 옷깃을 여며 쥐었다. 4월이었지만 아직은 새벽 공기가 차가웠다.

크리스는 입김을 후후 불어 손을 녹이며 학교 건물 맨 가장자리에 있는 계단을 올랐다. 3층 계단참에 다다르자 한쪽 구석에 앉아 책을 펼쳤다.

특별한 일이 없으면 크리스의 하루는 늘 이렇게 시작되었다. 이른 새벽부터 첫 수업이 시작될 때까지 크리스는 구석진 계단참에서 오늘 배울 과목의 내용을 미리 한 번씩 살펴보곤 했다.

크리스가 굳이 계단참을 공부하는 곳으로 정한 데에는 다 이유가 있었다. 가장 큰 이유는 사람들의 발길이 뜸하다는 것이었다. 아이들은 대부분 건물 한가운데에 있는 계단을 이용했다. 가장자리 계단은 체육 시간에 시설물을 옮길 때 말고는 거의 이용하지 않았다.

두 번째 이유는 바람이 잘 통하는 시원한 곳이라는 점이었다. 1, 2층과 달리 3층 계단참에는 커다란 통유리창이 있는데, 새벽이면 이 유리창으로 황소바람이 들어왔다. 가끔 손이 시리거나 귀가 얼얼했지만, 졸음을 깨는 데는 그 바람만 한 것이 없었다.

오늘도 크리스는 과학 책과 여러 가지 참고서를 펼쳐 놓고 열심히 훑어보고 있었다.

그때였다.

"소리 높이 외쳐라! 하늘이 떠나가게~ 손에 손을 맞잡고 다 함께 노래 부르세!"

계단 아래쪽에서 귀에 익은 노랫소리가 들려왔다.

"아, 오늘이 수요일이었지?"

크리스는 그제야 고개를 들고 한숨을 한 번 내쉬며 중얼거렸다.

수요일은 일주일에 한 번 학교를 청소하는 날이었다. 이 날이면 용역 회사에서 보낸 청소부들이 아침 일찍 와서 학교 곳곳을 청소했다. 크리스가 즐겨 찾는 이 계단은 할아버지 한 분이 맡아 청소했다. 언제나 노래를 부르며 춤을 추듯 청소하는 모습이 인상적인 할아버지였다.

그렇지만 크리스는 할아버지가 나타나는 것이 반가울 수만은 없었다. 열심히 집중해서 공부하는데 노랫소리에 맥이 끊기기도 하고, 계단을 올라올수록 노랫소리가 점점 더 커져서 정신이 산만해졌기 때문이다.

'오늘은 그만 할까? 아니야, 아직 반도 못 봤잖아…….'

크리스는 손으로 귀를 틀어막으며 애써 책에 눈을 고정시켰다.

그렇게 얼마나 지났을까? 갑자기 노랫소리가 뚝 끊겼다. 크리스는 고개를 번쩍 들었다. 그때 계단 아래쪽에 서 있던 할아버지와 눈이 딱 마주쳤다.

"상쾌한 아침이야! 오늘도 또 만나는구나."

"안녕하세요?"

크리스는 무심하게 인사를 건넨 뒤 다시 책으로 눈길을 돌렸다.

그때였다.

"이름이 뭐니?"

할아버지는 청소하다가 크리스를 보면 언제나 인사를 건네곤 했다. 하지만 오늘처럼 이름을 물어 온 적은 처음이었다.

크리스는 고개를 천천히 들어 다시 할아버지를 쳐다보며 말했다.

"크리스예요, 후유……."

크리스는 자신도 모르게 말끝에 한숨을 내쉬었다.

"크리스 후유? 하하하! 재미있는 이름이구나. 나는 밥 티드웰이라고 한단다. 내 이름은 별로 재미없지?"

"할아버지, 그냥 크리스예요, 크리스!"

"하하하, 알았다, 알았어. 그런데 이렇게 이른 시간에 여기서 뭘 하니?"

크리스는 잠깐 고개를 갸웃거리고는 할 수 없다는 듯 책을 들어 보였다.

"음, 공부를 하고 있었구나. 왜, 교실에서 하지 않고?"

할아버지가 크리스 쪽으로 몸을 기울였다.

그러자 크리스는 책을 탁 소리 나게 덮으며 날카롭게 말했다.

"할아버지, 저 지금 공부해야 하거든요. 죄송해요."

그러고는 이내 책을 펼쳤다.

"그래? 방해가 되었다면 미안하구나."

할아버지는 어깨를 한 번 으쓱해 보이며 대걸레로 계단을 닦기 시작했다. 한참 뒤, 계단 위쪽에서 다시 할아버지의 노랫소리가 들려왔다.

크리스는 책을 덮으며 자리에서 일어섰다.

"후유…… 저 할아버지는 늘 뭐가 저렇게 즐거워서 노래를 부르시는 거야?"

크리스는 계단을 터벅터벅 걸어 내려왔다. 조금 있으면 수업이 시작될 시간이었다. 아이들이 우르르 뛰어 교실로 들어가는 모습이 보였다.

"시끄럽게 뛰어다니고 야단들이야."

크리스가 혼잣말로 중얼거릴 때였다.

"크리스, 어디 갔다 오니?"

알렉스였다. 공부 잘하고 성격 좋은 알렉스는 크리스의 유일한 친구였다.

"아, 아니……."

크리스는 말끝을 흐렸다.

'할아버지 때문이야. 할아버지 때문에 계단에서 늦게 내려오는 바람에……. 한 번도 이런 모습을 아이들에게 들킨 적이 없었는데…….'

크리스는 괜히 나쁜 짓이라도 하다 들킨 것처럼 안절부절못했다.

크리스의 속내를 모르는 알렉스는 계속 말을 건넸다.

"어휴, 너 오늘 과제 해 가지고 왔냐? 나는 아무래도 다음에 내야 할 것 같아."

크리스는 아무런 대꾸도 하지 않고 교실 문을 열었다.

"크리스, 너 오늘 왜 그래? 좀 이상하다."

"내가 뭐? 아무것도 아니야."

크리스는 얼른 알렉스를 앞질러 걸었다.

알렉스는 잔뜩 긴장한 크리스의 뒷모습을 보며 고개를 갸웃거렸다.

교실 안에서는 데이비드와 찰리, 레오가 크리스의 옆 자리에 모여 이야기를 나누고 있었다.

"찰리, 너 박람회 감상문 다 썼니?"

"그걸 어떻게 다 쓰냐? 원래 지난주에 박람회 문을 열기로 되어 있었는데, 어제로 연기됐던 거 아냐?"

"그래. 하루 만에 어떻게 써? 아마 모두 못 썼을걸?"

"야, 조금 있다가 선생님 오시면 데이비드 네가 다음 주까지로 미뤄 달라고 말씀드려."

"그거 좋은 생각이다. 아마 모두 찬성할 거야."

레오가 말을 마치자마자 수업 시작종이 울렸다. 아이들은 재빨리 자리로 돌아가 앉았다.

잠시 뒤 선생님이 교실 문을 열고 들어왔다. 선생님은 아이들을 한 번 찬찬히 둘러보더니 입을 열었다.

"왜 과제가 보이지 않니? 교탁 위에 미리 올려놨어야 하잖아?"

 선생님의 말이 끝나기가 무섭게 아이들이 소리를 질러 댔다.

 "아우, 선생님, 너무해요!"

 "맞아요. 이건 정말 무리예요!"

 선생님은 그럴 줄 알았다는 듯 얼굴 가득 환한 웃음을 머금었다.

 "대체 뭐가 무리라는 거야? 그러니까 너희들은 지금 과제를 해 오지 않았다, 이 말이지?"

 아이들이 모두 고개를 끄덕였다.

 "선생님, 박람회가 예정대로 지난주에 열렸으면 과제를 다 해 왔을 거예요. 하지만 연기되어 어제 열리는 바람에 아직 박람회에 가 보지 못한 아이들도 있다고요."

 데이비드가 잔뜩 볼멘소리를 늘어놓았다.

 "음, 너희들이 그럴 줄 알았지. 좋아. 그럼 다음 주로 미뤄 주도록 하지."

 "우아! 선생님 멋져요!"

 아이들이 환호성을 질렀다.

"자, 자. 다들 조용하고……. 혹시 오늘 과제 해 온 친구 있어?"

아이들은 숨을 죽이고 교실 안을 둘러보았다.

그때 크리스가 손을 번쩍 들었다.

"이것 봐. 오늘 제대로 해 온 아이도 있잖아."

선생님의 말에 아이들이 수군거리기 시작했다.

"그럼, 크리스는 하고도 남을 아이지."

"성적 떨어질까 봐 불안해서 잠은 오겠냐?"

"잠은 무슨……. 매일 밤 꼴딱 새우며 공부한다잖아."

"어쨌든 재수 없어."

꽤 큰 소리로 중얼거리는 아이도 있었지만, 크리스는 신경 쓰지 않고 뚜벅뚜벅 교탁 앞으로 걸어갔다.

"잘했다. 크리스는 이번 과제 점수 무조건 A야."

선생님은 과제를 챙겨 책 사이에 끼워 넣었다.

"우우~."

아이들이 크리스에게 야유를 퍼붓기 시작했다. 크리스는 아무렇지 않은 듯 책을 펴고 수업 준비를 했다.

"다들 조용히 해. 과제 제때 해 온 게 야유받을 일이니?

칭찬해 줘도 모자랄 마당에……."

선생님이 큰 소리로 호통 치자 그제야 아이들은 입을 다물었다.

"나머지는 다음 주까지 열심히 해서 가지고 오도록 해."

"네!"

아이들은 큰 목소리로 대답하며 크리스를 노려보았다. 그렇지만 크리스는 눈 하나 깜짝하지 않았다. 뭐, 따지고 보면 하루 이틀 일어나는 일도 아니었다.

과학 서클

그날 크리스는 하루 종일 아이들과 한 마디도 하지 않았다. 이런 날이면 쉽게 몸이 지치곤 했다. 아이들의 눈길을 받는다는 것은 피곤한 일이었다.

크리스는 집으로 돌아오자마자 소파에 털썩 몸을 던졌다. 그러고는 테이블 위에 놓여 있던 리모컨을 집어 들고 텔레비전을 켰다. 크리스는 멍하니 텔레비전 화면을 쳐다보고 있었다. 동물이 나오는 다큐멘터리 프로그램이었는데, 사실 내용은 머릿속에 들어오지 않았.

"형, 이거 재미없지? 나 만화 영화 본다."

세 살 어린
동생 앤디가 어느새
소파로 뛰어들더니 리모컨을
빼앗아 들었다. 크리스는 반쯤 뉘었던 몸을
일으켰다. 그리고 만화 영화에 푹 빠져 헤헤거리는 앤디의
얼굴을 뚫어지게 쳐다보았다.

"형, 왜 그래? 오늘따라 내가 너무 멋있어 보여?"

앤디가 눈을 찡긋거리며 말했다.

"유치하긴……."

"뭐가 유치해?"

"나는 일곱 살 이후로는 만화 영화 안 봤어."

"그러니까 형이 똑똑하기는 하지만 재치가 없는 거야. 만화 영화에서도 배울 게 얼마나 많은데……."

"그렇게 많이 배워서 성적이 그 모양이냐?"

크리스가 비아냥거렸다.

"형, 지금 성적 이야기가 왜 나와? 내 친구들은 만화 영화 다 좋아해."

크리스는 더 이상 말할 필요가 없다는 듯 코웃음을 쳤다.

"쳇, 형이 이상한 거야. 원래 어린이들은……."

"됐어. 내가 너랑 무슨 말을 하겠냐?"

크리스는 소파에서 벌떡 일어섰다.

그때 부엌에서 쿠키를 구워 거실로 가지고 오던 엄마가 인상을 찌푸렸다.

"너희들 왜 또 그래?"

앤디는 얼른 엄마 곁으로 달려가 옷자락을 붙잡았다.

"형이 만화 영화 보는 거 유치하대요."

"뭐? 너 정말 앤디한테 유치하다고 했어?"

엄마가 크리스를 쏘아보았다.

"유치한 건 맞지, 뭐."

크리스는 혼잣말을 하며 가방을 챙겨 들고 방 쪽으로 걸어갔다.

"크리스, 동생한테 꼭 그런 식으로 말해야겠니?"

엄마가 낮고 무거운 목소리로 말했다.

크리스는 아무 대답도 하지 않고 방으로 들어가 문을 닫았다.

잠시 뒤 문틈으로 만화 영화 소리가 새어 들어왔다. 크리스가 방으로 들어오자마자 앤디가 볼륨을 높인 것이 분명했다. 곧이어 앤디의 웃음소리가 들려왔다.

'후유…… 답답해.'

크리스는 침대에 벌렁 누워 천장 벽지에 그려진 자동차 개수를 세기 시작했다.

사실 크리스는 천장 벽지에 자동차가 몇 개 그려져 있는지 알고 있었다. 심지어 트럭 그림이 몇 개, 소형 자동차 그림이 몇 개, 버스 그림이 몇 개인지도 모두 알고 있었다.

그런데도 오늘처럼 몸이 지치거나 시험을 앞두고 마음이 불안할 때, 그리고 기분이 별로 좋지 않을 때마다 침대에 누워 벽지에 그려진 자동차의 개수를 세곤 했다. 그러고 나면 왠지 마음이 편안해지는 것 같았다.

잠시 뒤 크리스는 벌떡 일어나 책상에 앉았다. 귀에 귀마개를 꽂은 뒤 가방에서 주섬주섬 책을 꺼냈다. 아주 자그마한 소리가 들리더라도 이렇게 귀마개를 꽂으면 집중하기가 훨씬 쉬웠다.

얼마나 지났을까? 엄마가 크리스의 방 문을 열고는 귀마개를 빼라는 시늉을 했다.

"크리스, 저녁 먹어야지."

"10분만 있다가요. 하던 공부 마무리하고 나갈게요."

크리스는 다시 귀마개를 꽂으며 고개 숙여 책을 보았다.

뒷목덜미가 뻣뻣하게 느껴졌다.

 방문을 열고 나오는데, 소파에 앉은 앤디와 엄마의 모습이 눈에 들어왔다. 엄마는 자신의 무릎 위에 앉아 있는 앤디를 꼭 끌어안고 텔레비전을 보고 있었다. 갑자기 크리스의 가슴속으로 바람이 휭하니 불어왔다.

 숨 가쁘게 일주일이 지나가고 토요일이 되었다.
 크리스는 주말이면 언제나 알렉스와 함께 도서관에 가곤 했다. 그날도 크리스는 집 앞 골목에서 알렉스를 기다리고 있었다.
 약속 시간이 조금 지났을 때, 알렉스가 빈손으로 털레털레 골목을 들어섰다.
 "알렉스, 가방은?"
 크리스는 의아한 표정으로 알렉스를 쳐다보았다.
 "어, 방금 친구들이랑 야구하고 왔거든. 집에 들렀다 오려면 약속 시간에 너무 늦을 것 같아서 바로 왔어."
 "그럼 어떡해? 공부해야 하잖아."
 "오늘은 그냥 영화만 보고 오지, 뭐."

알렉스는 영화 보는 걸 참 좋아했다. 그래서 도서관에 갈 때면 크리스와 함께 공부도 했지만, 가끔은 도서관 지하에 있는 영화관에 가서 혼자 영화를 보기도 했다.

"아 참, 크리스, 너 혹시 과학 서클 같이 하지 않을래?"

"과학 서클?"

"응. 찰리랑 카일이랑 친구들 몇 명이서 작년 2학기부터 꾸린 서클이야. 경시 대회나 모형 대회에 같이 나가기 위해 준비하거든. 일주일에 한 번 모이는데, 한 달에 두 번은 과학을 맡고 있는 피터 선생님이 와서 가르쳐 주셔. 함께 하면 얻을 만한 정보도 많고 도움이 될 것 같은데……."

알렉스의 말에 크리스가 심드렁하게 대꾸했다.

"내가 여럿이 모여서 뭐 하는 거 본 적 있어? 나는 그런 거 별로 안 좋아해."

"내가 벌써 아이들한테 너 데리고 온다고 다 말해 놨단 말이야."

크리스는 발걸음을 멈추고 알렉스에게 물었다.

"그래서? 아이들이 날 데리고 오래?"

알렉스가 고개를 끄덕였다.

크리스는 다시 걸음을 떼며 말했다.

"나는 다른 아이들하고는 사이가 별로 안 좋은데?"

그러자 알렉스가 웃으며 대답했다.

"대신 나랑은 좋잖아. 나랑 놀면 되지. 그러면서 다른 아이들이랑 사이가 좋아지면 더 좋고……."

"난 안 할래."

"그러지 말고 하자, 응?"

알렉스가 크리스의 팔을 잡으며 응석 부리듯 말했다. 크리스의 입에서 "풋!" 하고 웃음이 터져 나왔다.

"그럼 같이 하는 거다."

알렉스는 크리스의 말을 듣지도 않고 혼자 결정했다.

'하긴 다들 공부도 잘하는데, 내가 손해 볼 건 없잖아?'

크리스는 가볍게 고개를 끄덕였다.

"우하하, 오늘 목적 달성이다. 그럼 월요일마다 1층 휴게실에서 모이니까 그렇게 알고 있어."

"난 정말 별로인데……."

크리스가 혼잣말로 중얼거렸다.

"야, 두말 말고 그냥 같이 좀 하자, 응?"

알렉스가 힘주어 말했다.

크리스는 긍정도 부정도 하지 않고 묵묵히 걷기만 했다.

도서관에 다다른 크리스와 알렉스는 열람실 문 앞에서 헤어졌다.

"크리스, 공부 열심히 하셔! 나는 영화 보고 논다."

알렉스가 손을 흔들며 큰 소리로 말했다.

크리스는 손가락을 입에 가져다 대며 조용히 하라는 표시를 했다.

'알렉스는 언제나 기분이 좋구나.'

크리스는 알렉스의 뒷모습을 보며 생각했다. 그리고 보니 수요일 아침마다 노래를 부르며 청소하는 할아버지와 알렉스가 왠지 모르게 닮았다는 생각이 들었다.

월요일이 되었다. 오늘도 크리스는 새벽 일찍 계단참에 앉아서 공부했고, 어느 때와 똑같이 수업을 들었다. 수업을 마치면 알렉스가 말한 과학 서클 모임에 가야 했다.

'그냥 가지 말까? 그런데 내가 안 가면 알렉스가 실망하겠지?'

수업이 다 끝나 가도록 크리스는 망설였다.

수업이 끝나자 알렉스가 냉큼 다가오며 말했다.

"크리스, 잊지 않았겠지?"

"나를 뭘로 보고……."

"그럼, 천재 크리스가 잊어버릴 리 없지."

알렉스와 크리스는 1층으로 갔다. 1층 휴게실에는 찰리와 리안 그리고 2학년 때 같은 반이었던 카일이 있었다. 크리스가 휴게실로 들어서자 아이들이 깜짝 놀라며 크리스를 쳐다보았다.

"크리스, 네가 여기 웬일이냐?"

찰리가 자리에서 일어서며 빈정거리듯 물었다. 그 말에 크리스는 알렉스의 얼굴을 쳐다보았다. 알렉스는 당황하는 기색도 없이 얼굴에 웃음을 띠었다.

"크리스도 함께하면 좋을 것 같아서 내가 데리고 왔지."

"우리한테는 아무 말 없었잖아?"

찰리가 얼굴을 붉히며 말했다.

"에이, 다들 좋으면서 왜 그래?"

알렉스는 찰리의 어깨를 잡아 의자에 앉히며 말했다.

"뭐, 지금은 좀 낯설어서 찰리 네가 그러나 본데, 같이 하다 보면 금방 익숙해질 거야."

알렉스는 크리스의 손을 잡고 의자에 앉으며 말했다.

"이미 아이들한테 말했다고 했잖아."

크리스는 알렉스의 팔을 잡아당겨 귓속말을 했다.

"안 그랬으면 네가 온다고 했겠니? 이왕 하기로 했으니까 같이 한번 잘해 보자."

알렉스도 귓속말을 했다.

조금 있으니 케이티와 루시가 휴게실로 뛰어 들어왔다.

"늦어서 미안해. 미술 수업이 늦게 끝났어."

케이티와 루시가 자리에 앉자 알렉스가 일어서서 말문을 열었다.

"자, 그럼 다들 모였지? 오늘부터 크리스가 같이 하기로 했어. 모두들 모르는 것이 있으면 서로 물어보고 사이좋게 잘해 보자. 크리스, 너도 인사해."

크리스는 알렉스에게 얼굴을 찡그려 보였다.

그때 찰리가 말했다.

"아이고, 크리스 같은 녀석이 뭐 물어볼 게 있겠어? 혼자

서도 얼마나 잘하는데…….”

알렉스가 찰리를 쳐다보며 한마디 쏘아붙였다.

"찰리, 앞으로 계속 함께할 건데 이렇게 처음부터 삐거덕거리면 안 되잖아. 서로 조금씩 양보하고 참아 가면서 같이 해야지.”

찰리는 알렉스가 말하는 동안 창밖을 내다보았다.

집으로 오는 길에 크리스와 알렉스는 한동안 아무 말도 하지 못했다. 그러다 크리스가 먼저 말문을 열었다.

"왜 거짓말했어?”

"너랑 같이 하고 싶어서…….”

"네 마음은 알겠는데, 거짓말까지 한 건 정말 싫다.”

"미안해. 그렇지만 분명히 너에게도 큰 도움이 될 거야.”

풀이 죽은 알렉스의 목소리에 크리스는 더 이상 아무 말도 하지 않았다.

할아버지의 등

수요일이 되었다. 크리스는 여느 때와 마찬가지로 새벽 일찍 책과 참고서를 챙겨 들고 계단참에 올라갔다.

한참 책을 뒤적이며 공부하고 있을 때였다.

"소리 높이 외쳐라! 하늘이 떠나가게~ 손에 손을 맞잡고 다 함께 노래 부르세!"

크리스는 책에서 눈을 떼며 고개를 들었다.

"또 시작이시군!"

할아버지의 노랫소리였다. 오늘은 다른 날보다 목소리가 더욱 활기차게 들렸다.

그런데 어느 순간 할아버지의 노랫소리가 뚝 끊겼다. 그러고는 계단을 걸레로 닦는 소리와 발소리만 들려왔다.

크리스는 다시 고개를 숙이고 책을 들여다보았다. 잠깐 시간이 흐른 뒤, 할아버지의 목소리가 들렸다.

"크리스 후유, 안녕?"

"안녕하세요?"

크리스는 고개를 들어 인사한 뒤 시계를 보았다.

"앗!"

크리스는 깜짝 놀라며 자리에서 벌떡 일어섰다.

"내가 오늘도 방해가 되었니? 혹시 그럴까 봐 2층에서부터는 노래를 부르지 않았는데?"

"아, 아니에요. 오늘은 첫 수업이 실험이라 일찍 내려가서 준비해야 돼요."

크리스는 손사래를 치며 계단을 뛰어 내려갔다.

'우당탕, 쿵쾅!'

그런데 그만 크리스가 발을 헛디뎌 계단 밑으로 넘어지고 말았다.

"괜찮니?"

할아버지가 얼른 달려와 크리스를 일으켜 주었다.

"으윽!"

크리스는 난간을 붙잡으며 나지막이 비명을 질렀다.

"많이 다치지 않았니? 병원에 가야 할 것 같은데……."

"아니에요. 많이 다치지 않았어요."

할아버지는 크리스를 걱정스러운 얼굴로 바라보았다.

사실 크리스는 다리가 정말 많이 아팠다. 하지만 지금 크리스를 병원으로 데려갈 가족은 아무도 없었다. 아빠는 어젯밤 야근하느라 집에 들어오지 못했고, 엄마는 새벽 일찍 크리스와 앤디를 학교에 데려다 주고 회사에 갔다. 지역 신문사에서 일하는 엄마는 새벽부터 취재를 나가야 한다고 했다. 아마 전화도 받지 못할 터였다.

"걱정 마세요."

크리스는 할아버지에게 걱정 말라는 손짓을 해 보인 뒤 난간을 잡고 걸음을 떼었다. 그러다 2층 계단을 내려가려는 순간, 그만 자리에 주저앉고 말았다.

"아앗, 아……."

할아버지가 계단을 바쁘게 뛰어 내려왔다.

"안 되겠다. 업혀라."

할아버지가 등을 크리스 쪽으로 돌리고 앉았다.

크리스는 잠깐 망설였지만 하는 수 없이 할아버지 등에 업혔다. 혼자 힘으로는 도저히 계단을 걸어 내려갈 자신이 없었다.

할아버지는 크리스를 업고 보건실로 갔다. 보건실 선생님은 압박 붕대로 발목을 꽁꽁 감아 주었다.

"이거 이대로 놔두면 안 되겠는데? 오늘은 조퇴하고 병원에 가 봐. 엑스레이 찍어 보고 제대로 치료받도록 해."

옆에서 선생님의 말을 듣던 할아버지는 다시 크리스를 업고 교무실로 갔다.

"담임 선생님이 어떤 분이시냐?"

크리스는 창문 쪽에 앉아 있는 젊은 여자 선생님을 가리켰다. 할아버지는 크리스를 업은 채 성큼성큼 선생님에게 다가가서 사정 이야기를 했다.

"아유, 많이 아프겠구나. 오늘은 공부 걱정 하지 말고 병원 갔다가 집에 가서 푹 쉬어. 아 참, 어머니께 연락을 드려야지?"

담임 선생님은 부랴부랴 크리스의 엄마에게 전화를 걸었다. 엄마는 크리스의 예상대로 전화를 받지 않았다.

"어쩌나? 그럼 아버지께 전화 드려 볼까?"

"아니에요. 아빠도 지금은 회의를 하실 거예요. 저 그냥 학교에 있을게요. 수업 시간에는 걸어 다니지 않아도 되잖아요."

크리스가 계속 고집을 부리자 선생님은 난감한 표정을 지었다.

그때 할아버지가 말했다.

"제가 병원으로 데려다 주지요. 자전거밖에 없지만, 그래도 걸어가는 것보다는 낫지 않겠어요?"

"어머, 그래 주실 수 있으세요?"

크리스는 할아버지가 자전거를 꺼내 오는 동안 선생님의 부축을 받고 현관 앞에 서 있었다. 정말이지 썩 내키지 않았지만 어쩔 수 없었다.

잠시 뒤 할아버지는 자전거를 타고 선생님과 크리스 앞에 나타났다.

"어서 타렴."

크리스는 선생님의 도움을 받아 간신히 자전거 뒷자리에 앉았다.

"크리스, 내 허리를 꼭 잡으렴. 다리에 힘도 없는데 그렇게 있다가는 떨어지기 십상이야."

크리스는 잠시 머뭇거리다가 할아버지의 허리를 꼭 껴안았다.

"자, 그럼 출발이다!"

할아버지는 자전거를 몰고 천천히 교문을 빠져나갔다. 할아버지와 크리스는 큰길을 달려 어느새 병원 앞에 이르렀다. 할아버지는 조심스럽게 자전거를 세운 뒤 크리스를 부축해서 병원으로 들어갔다.

"크리스, 무조건 참는 게 다 좋은 것만은 아니야. 아플 땐 제대로 치료를 받아야 하거든. 제대로 치료받지 않으면 건강에도 좋지 않지만 공부하는 데도 큰 방해가 된단다."

진료를 기다리는 사이 할아버지가 크리스에게 해 준 말이었다. 가만히 생각해 보니 할아버지 말씀이 맞았다. 아픔을 참고 아무것도 못하는 것보다는 얼른 치료받고 잡생각 없이 공부하는 편이 훨씬 나았다.

"엑스레이 결과로 봐서는 다행히 뼈에 큰 이상은 없네요. 발목을 삔 것 같은데, 얼음주머니로 열심히 찜질하는 게 가장 좋아요. 할아버지께서 집에 가서 찜질 좀 잘해 주셔야겠어요."

의사는 웃는 얼굴로 할아버지에게 말했다.

"네, 잘 알겠습니다."

할아버지도 웃는 얼굴로 대답했다.

'진짜 할아버지는 아닌데…….'

크리스는 뾰로통한 얼굴로 할아버지를 쳐다보았다.

진료를 마치고 나니 11시가 훌쩍 지나 있었다. 병원 로비에서 시계를 쳐다보던 할아버지는 크리스를 의자에 앉힌 뒤 휴대전화를 꺼내 어디론가 전화를 걸었다.

"아, 아론. 아무래도 오늘 점심은 안 되겠는데. 잘생긴 꼬마 친구가 다쳐서 지금 병원에 와 있거든. 약속은 다음 주로 미뤄야 할 것 같아. 아 참, 제니퍼에게 말 좀 잘 전해 주렴. 할아버지가 맛있는 음식 사 줄 거라고 잔뜩 기대할 텐데 말이야. 다음 주에는 무슨 일이 있어도 꼭 약속을 지키겠다고 전해 줘. 그럼 이만 끊는다."

할아버지는 크리스의 얼굴을 보며 싱긋 웃었다.

크리스는 바닥을 내려다본 채 머뭇거리며 말했다.

"제가 귀찮게 해 드려서……."

'죄송하다'는 말을 하고 싶었는데 말꼬리를 흐리고 말았다. 그러자 할아버지가 크리스의 한쪽 팔을 잡고 힘주어 일으키며 말했다.

"하나도 안 귀찮아요. 너에게 도움이 된다는 것만으로도 충분히 기쁜걸!"

"그래도 저 때문에 약속을……."

"음, 그건 말이지…… 나는 여러 가지 일을 할 때 순서를 정해 놓는단다. 맨 처음으로는 꼭 해야 하면서도 하고 싶은 일을, 그다음으로는 하고 싶지 않지만 꼭 해야 하는 일을 하지. 그러고 나서 하고 싶지만 꼭 하지 않아도 될 일을 한단다. 지금 너를 병원에 데려오고, 또 집으로 데려다 주는 일이 첫 번째에 해당하는 일이라면, 아론과 점심 식사를 하는 일은 세 번째, 그러니까 하고 싶지만 꼭 하지 않아도 될 일에 해당하겠구나. 그러니까 네가 미안해할 일은 전혀 없어. 나는 내가 하고 싶은 일을 하고 있을 뿐이니까."

할아버지가 크리스의 어깨를 부드럽게 쓰다듬어 주었다. 지금까지 이런 일이 별로 없었던 크리스는 할아버지의 손길이 무척 낯설었다.

할아버지는 병원 문 앞에서 크리스를 자전거 뒷자리에 앉힌 뒤 힘차게 페달을 밟았다.

병원에서 집까지 꽤 먼 거리였지만, 할아버지는 한 번도 쉬지 않고 곧장 달렸다. 크리스는 할아버지 등에 기댄 채 바라보는 거리의 풍경이 무척이나 평화로워 보였다.

집에 다다르자 할아버지는 크리스를 부축해 집 안으로 들어가 소파에 앉히고 얼른 주방으로 갔다. 그러고는 냉장고에서 얼음을 꺼낸 뒤 봉지에 담아 크리스의 발목에 올려 두었다.

"후유……. 크리스, 엄마께 전화 드려야 하지 않겠냐? 퇴근하고 돌아와 놀라지 않으시겠어?"

아직 더운 날씨도 아닌데 할아버지는 이마에 솟은 땀을 닦으며 말했다.

"제가 전화 드릴게요."

"그래. 그럼 나는 이만 가 보도록 하마. 얼음은 잠시 뒤에

꼭 내려놓도록 해라. 너무 오래 올려 두면 좋지 않을 수도 있거든."

할아버지가 현관 쪽으로 돌아설 때였다.

"저, 할아버지……."

크리스가 할아버지를 불렀다.

"왜?"

"잠깐 쉬었다 가세요. 힘드셨잖아요."

크리스의 얼굴이 붉게 달아올랐다.

'어휴, 괜히 말했나? 바빠서 빨리 가셔야 할지도 모르는데…….'

크리스가 마음속으로 안절부절못하는 사이, 할아버지는 소파에 털썩 앉았다.

"네가 그 말 안 했으면 서운할 뻔했는데. 사실 많이 힘들었단다."

할아버지가 얼굴 가득 웃음을 지으며 말했다.

"그런데 크리스, 언제나 집에 오면 이렇게 혼자 있니?"

"아니요. 엄마는 출퇴근을 자유롭게 하기 때문에 일찍 오세요. 그리고 앤디도 같이 있고요."

"앤디? 저기 보이는 저 아이 말이냐?"

할아버지가 가족사진을 가리키자 크리스는 고개를 끄덕였다.

"귀엽게 생겼구나."

"공부도 못하고 말썽도 많이 피워요."

할아버지는 크리스의 말에 화통하게 웃었다.

"아 참, 그런데 아이들이 전혀 없는 꼭두새벽에 계단참에서 공부하는 이유가 뭐냐? 그 시간이면 집에서도 할 수 있을 텐데."

"그걸 꼭 말씀드려야 해요?"

"아니, 꼭 그런 건 아니야. 그렇지만 아직 바람이 차서 감기에 걸릴 수 있으니 두툼한 옷을 입고 오도록 해라. 나는 그만 가 보마."

"저, 할아버지……."

크리스가 또다시 일어서려는 할아버지를 불렀다.

"저, 제가 새벽에 계단참에서 공부한다는 것을 비밀로 해 주시면 안 돼요?"

할아버지는 얼굴 가득 웃음을 머금고 고개를 끄덕였다.

"좋아. 대신 나도 조건이 하나 있는데……."

"조건이오?"

"우리가 만나는 수요일에 네가 이 할아비의 친구가 되어 주지 않겠니?"

"친구요?"

"그래. 그냥 이야기를 나누는 친구 말이다."

순간 크리스 머릿속에 여러 가지 생각이 스쳐 지나갔다.

'그럼 공부할 시간이 줄어들잖아. 그리고 친구? 이 할아버지와 내가 친구라고? 내가 꼭 나이 많은 할아버지와 친구가 되어야 하나?'

그때 할아버지가 크리스의 표정을 읽은 듯 말을 이었다.

"하하하. 대답하기가 힘이 드는 모양이구나."

"아, 아니, 그게 아니라 너무 갑자기……."

"나는 오늘 너와 한층 친해졌다고 생각했는데, 아니었던 모양이지?"

크리스는 한참 동안 멍한 얼굴로 테이블만 내려다보았.

할아버지가 크리스 곁으로 다가와 앉았다.

"사실 너를 만날 때마다 '왜 저 아이는 저렇게 무거운 얼굴로 새벽마다 여기에 앉아 있을까?' 하는 생각이 들었어. 한편으로는 '뭔가 힘든 일이 있지는 않을까?', '이야기를 나눌 상대가 필요하지 않을까?' 하는 생각도 했고……. 음, 내가 잘못 생각했다면 미안하구나."

크리스는 가슴 한쪽을 푹 찔린 것 같았다. 한편으로는 몇 번 만나지 않은 할아버지에게 속마음을 들킨 듯해 조금 부끄럽기도 했다.

"그런데 오늘 보니 너는 참 예의 바르고 반듯한 아이더구나. 그리고 뭔가 가슴속에 많은 걸 담고 있는 아이 같기도 하고. 내가 맞았지?"

크리스는 아무 말도 하지 못한 채 얼굴만 붉혔다.

"우리 좋은 친구가 될 수 있을 것 같은데, 너는 어떻게 생각하니?"

할아버지의 말씀이 길어질수록 크리스는 거절할 말이 마땅히 떠오르지 않았다. 그래서 하는 수 없이 고개를 끄덕였다.

"그건 좋다는 뜻이지?"

할아버지가 웃음 가득한 얼굴로 크리스를 쳐다보았다.

"네."

"좋아. 다리 조심하고……. 나는 이만 가 보마."

"네. 안녕히 가세요. 오늘, 고맙습니다."

"고맙긴……. 그럼 다음 주 수요일에 만나자, 친구!"

할아버지는 소파에서 일어선 뒤 손을 한 번 흔들어 주고 뒤돌아섰다. 크리스는 문을 열고 밖으로 나가는 할아버지의 뒷모습을 쳐다보았다.

'저 할아버지는 그냥 평범한 청소부 할아버지가 아닌 것 같아.'

"아니, 크리스, 어쩌다 그렇게 된 거야?"

일찍 퇴근해서 집에 돌아온 엄마는 크리스를 보자 눈이 휘둥그레졌다.

"별로 다치지 않았어요. 금방 나을 거래요."

엄마는 가방도 내려놓지 않고 크리스의 다리를 어루만지며 안절부절못했다.

"많이 아팠겠다. 집엔 어떻게 왔어? 선생님이 데려다 주셨니?"

"아니요. 밥 할아버지께서 데려다 주셨어요."

"밥 할아버지? 그분이 누구니?"

"수요일마다 학교에서 청소하시는 분이에요. 오늘 자전거로 병원에 데려가 주고, 집에도 데려다 주셨어요."

"아유, 정말 고마운 분이구나. 나중에라도 꼭 인사를 전해야겠다."

"엄마, 저 좀 방으로 데려다 주세요."

"그래. 그나저나 이렇게 아프고 불편해서 어쩌니?"

"조금 불편하긴 하지만 괜찮아요."

크리스는 엄마의 부축을 받아 방으로 들어갔다. 수업을 받지 못한 것이 마음에 걸렸지만, 오히려 좋은 기회인지도 몰랐다. 혼자서 자유롭게 공부할 수 있는 시간이 주어졌으니까…….

저녁 식사를 마치고 방에서 과제를 정리하고 있을 때, 밖에서 엄마 목소리가 들렸다.

"크리스, 아빠 오셨어!"

크리스는 다리를 절룩이며 힘겹게 거실로 나갔다. 아빠는 술을 한잔 하셨는지 얼굴이 붉어져 있었다.

"아빠, 보고 싶었어요!"

앤디가 쿵쾅거리며 달려가더니 아빠 목을 붙잡고 매달렸다. 며칠 만에 보는 아빠의 얼굴에는 수염이 덥수룩했다.

"크리스, 공부 잘하고 있지?"

아빠는 크리스를 볼 때면 늘 이렇게 말을 꺼내곤 했다.

"네."

"우리 자랑스러운 아들!"

아빠가 크리스의 등을 두드렸다.

크리스는 아빠의 말뜻을 잘 알고 있었다. 아빠는 늘 1등 하는 크리스를 자랑스러워했다.

"그렇지만 크리스, 1등이라는 자리는 오르기보다 지키기가 훨씬 힘들다는 것 알고 있지? 2등, 3등이 언제나 네 자리를 노리고 있다는 사실을 잊지 마라. 늘 긴장의 끈을 놓지 말고……."

"여보, 크리스는 지금 다리가 불편하잖아요. 그만 세워 놓고 이제 좀 들어가세요."

엄마가 아빠 팔을 잡아끌며 말했다.

"아니, 다리가 왜?"

"당신은 크리스가 다리를 절룩이면서 걸어 나오는 걸 보지도 못했어요?"

엄마 목소리가 조금 높아졌다.

"그랬어?"

아빠는 겸연쩍은 듯 엄마를 쳐다보더니 곧 방으로 들어갔다. 곧이어 엄마가 무슨 생각을 한 듯, 아빠를 따라 들어갔다. 앤디는 총총거리며 방으로 들어갔고 크리스도 힘겹게 걸음을 옮겨 방으로 가려고 했다.

그때 안방에서 엄마와 아빠 목소리가 들려왔다.

"여보, 당신 좀 너무한다고 생각하지 않아요?"

"내가 뭘?"

"아무리 회사 일이 바쁘다지만 3일 만에 집에 오는 사람이 어디 있어요? 집이 옷 갈아입는 곳이에요?"

"또 잔소리구먼."

"지금 내 말이 잔소리로 들려요? 여보, 당신은 아이들의 아빠예요. 우리 아이들이 나중에 아빠를 어떤 모습으로 기억하겠어요? 단 하루도 같이 놀아 주지 않는 아빠, 나랑은 이야기도 하지 않는 아빠, 가끔 집에 오면서 훈계만 늘어놓는 아빠…….."

"후유……."

"나는 당신이 아이들에게 좀 더 따뜻한 아빠가 되어 주었으면 좋겠어요."

"이 사람이! 내가 지금 누구 때문에 이렇게 일을 하는데? 다 우리 가족 잘살게 하려고 이러는 거 아니야?"

"그렇게 일만 한다고 가족이 잘살 수 있을 것 같아요? 우리는 일 잘하는 남편이나 아빠보다 가족을 사랑하는 남편이나 아빠가 더 필요하다고요!"

"그런 소리라면 이제 그만 좀 해. 나 피곤해."

그 말을 끝으로 엄마와 아빠 목소리는 더 이상 들려오지 않았다. 크리스는 방문 앞에서 멍하니 서 있었다.

그때 방에서 엄마가 나왔다.

"크리스……."

엄마는 크리스를 보며 얼굴을 붉혔다. 지금까지 한 번도 크리스와 앤디 앞에서 아빠와 다투어 본 적이 없었기 때문이다.

"저기 크리스……."

엄마는 당황해하며 크리스에게 뭔가 말을 하려고 했다.

"엄마, 방에 가려고 했는데 좀 도와주세요."

"크리스, 네가 듣고 있다고는 미처 생각하지 못했구나. 이런 모습을 보여서 미안하다."

크리스는 아무 말도 하지 않았다.

방으로 들어온 크리스는 침대에 누워서 천장 벽지의 자동차 그림을 세어 보았다. 그러다가 어느 순간 자동차 그림 세는 것을 멈추고 생각했다.

'결국 우리 때문에 엄마와 아빠가 다투신 거잖아. 아빠는 우리를 위해 열심히 일해야 하고, 엄마는 우리를 위해 아빠가 더 노력해 주기를 바라고……. 부모님 모두 우리 때문에 많이 힘드시겠다. 후유, 절대 엄마 아빠를 실망시키지 말아야지.'

월요일이 되었다. 그동안 크리스의 다리는 한결 나아져서 이제 도움을 받지 않아도 잘 걸어 다닐 수 있었다. 물론 빨리 걷거나 뛸 때는 조금씩 아팠지만 참을 만했다.

수업이 끝나자 크리스는 알렉스와 함께 과학 서클 모임

에 참석했다.

"내가 여러 가지 참고서로 공부해 봤는데, 과학은 역시 톱 출판사 책이 최고야."

"나도 그렇게 생각해. 톱 출판사에서 나온 책이 요점 정리가 잘 돼 있어."

아이들은 자기가 보는 참고서와 공부법에 대한 이야기를 늘어놓았다.

'왜들 저렇게 떠벌리는 거야? 좋은 건 혼자서만 알고 있어야지.'

크리스는 속으로 코웃음을 치며 잠자코 앉아 있었다.

"크리스, 넌 어떤 참고서로 공부해?"

아무 말 하지 않는 크리스가 신경 쓰였는지 알렉스가 고개를 돌리더니 물었다.

"나? 난 그냥……."

아이들의 눈길이 모두 크리스에게 쏠려 있었다.

"나는 그냥 인터넷 보고 공부하는데."

"아, 그러세요?"

찰리가 입을 삐죽 내밀고는 비아냥거렸다. 아이들은 크리스에게서 눈길을 거두고 자기들끼리 이야기하느라 바빴다.

'후유, 내가 왜 이러고 있어야 하지?'

크리스는 그 자리에서 당장이라도 일어서고 싶었지만 알렉스 때문에 차마 그렇게 할 수 없었다.

"크리스, 찰리가 한 말은 신경 쓰지 마. 원래 너한테 경쟁의식이 많은 아이잖아. 네가 아이들과 자연스럽게 어울리다 보면 찰리도 저러지 않을 거야."

집으로 오는 길에 알렉스는 크리스를 다독여 주었다. 크리스는 알렉스를 보며 씨익 웃어 주었지만 마음이 편하지만은 않았다.

오렌지색 수첩

　수요일이 되었다. 크리스는 새벽 일찍 계단참에 앉아 책을 펼쳐 놓았다. 오늘은 밥 할아버지와 이야기를 하기로 한 첫날이었다.
　크리스가 자리를 잡은 지 20분쯤 지났을 때, 계단 아래에서 노랫소리가 들려오기 시작했다.
　'오셨군.'
　크리스는 책에서 눈을 떼고 고개를 들었다. 얼마나 지났을까, 난간 아래로 할아버지의 옆모습이 보였다.
　"크리스, 약속대로 나와 주었구나."

할아버지는 웃는 얼굴로 인사를 건네고 크리스 옆에 나란히 앉았다.

"저는 늘 여기 있었어요."

"하하하, 맞아, 그랬지? 그래, 다리는 좀 어떠니?"

할아버지는 큰 소리로 웃더니 이내 크리스의 얼굴을 쳐다보며 물었다.

"많이 나았어요."

"그래도 아직은 조금 아프지?"

크리스가 고개를 끄덕였다.

"이왕 아픈 김에 푹 쉬기도 하고 부모님께 어리광도 부리지 그랬니? 동생도 부려 먹고 말이야."

크리스는 무표정한 얼굴로 말했다.

"그럴 정도는 아니었어요. 심지어 아빠는 제가 다친 것도 모르고 공부 이야기만 하시던걸요."

할아버지가 재빨리 화제를 바꾸었다.

"자, 그렇다면 우리 오늘, 무슨 이야기부터 할까?"

"저는 이야기 같은 거 할 줄 몰라요. 그냥 할아버지께서 해 주세요."

크리스는 계단을 내려다보며 심드렁하게 말했다.

"그럴까? 그렇다면 내 이야깃거리가 들어 있는 수첩을 꺼내 봐야겠구나."

할아버지는 안주머니를 뒤적이더니 오렌지색 수첩을 꺼내 첫 장을 펼쳤다. 크리스는 할아버지의 수첩을 흘낏 훔쳐보았다.

할아버지가 수첩을 들어 보이며 물었다.

"이 수첩에 적힌 내용이 궁금하니?"

크리스는 아무 대꾸도 하지 않고 고개를 돌려 앞을 보았다.

"이 수첩에는 너에게 들려주고 싶은 여섯 가지 이야기가 담겨 있단다."

"여섯 가지 이야기요?"

"그래. 달리 말한다면 지혜로운 사람이 되기 위한 여섯 가지 약속이라고나 할까? 오늘은 그 가운데 첫 번째 지혜를 전하려고 한단다. 어때, 점점 더 궁금하지? 그렇지만 내가 말을 꺼내기도 전에 수첩을 훔쳐보는 건 반칙이야."

"반칙은 운동 경기에서나 하는 거죠."

크리스가 고개를 바닥으로 떨구며 말했다.

"운동 경기라고? 하하하. 크리스, 난 어릴 적에 아이스하키 선수였단다."

"네?"

크리스는 눈을 휘둥그레 뜨고 도무지 믿기지 않는다는 표정을 지었다.

"아니, 왜 그래? 이래 봬도 꽤나 날렵한 공격수였다고!"

크리스는 그 말에 슬며시 웃음이 나왔다. 할아버지는 크리스의 얼굴을 쳐다보다가 말을 이었다.

"재미있지? 그렇다면 이건 어때? 나는 날렵한 공격수인

동시에 하키부 주장이었어."

크리스는 터져 나오려는 웃음을 참으려고 헛기침을 하며 고개를 돌렸다.

"그때 나는 누구보다 하키를 잘하고 싶었고, 열정으로 가득 차 있었단다. 다른 아이들이 연습에 지쳐 주저앉을 때, 꼭 그 아이들보다 한두 시간이라도 늦게 자리에 앉아야 직성이 풀리곤 했으니까. 좀 극성스러운 편이었지."

크리스가 말했다.

"당연히 그래야죠."

"그래. 네 말대로 나는 최고가 되기 위해 그 정도 연습은 당연하다고 생각했어. 어떤 날은 연습을 마치고 나면 새벽 동이 틀 때도 있었단다. 그러면 잠을 거의 자지 못하고 학교에 갔고, 공부를 마치면 다시 하키 연습을 했어."

"하키 선수가 꿈이셨어요?"

할아버지는 고개를 저었다.

"아니. 꿈이 뭔지 그런 건 상관이 없었어. 다만 내가 잘할 수 있는 분야에서 다른 아이들을 이기고 싶었을 뿐이었지."

크리스는 고개를 끄덕였다.

"그런데 어느 날, 하키부 코치였던 매튜 선생님께서 나를 조용히 부르더구나. 나는 늘 칭찬받는 데 익숙했던 터라 그날도 뭔가 나를 칭찬하기 위해 부르셨다고 생각했어."

"혹시 혼이 나셨나요?"

할아버지는 또다시 고개를 저었다.

"혼이 나지는 않았지만 칭찬을 받은 것도 아니었지. 선생님은 아무도 없는 라커룸에서 나에게 오카리나를 건네주셨단다. 너, 오카리나가 뭔지 알지?"

"그럼요. 둥그렇게 생긴, 입으로 부는 악기잖아요."

"그래. 선생님은 오카리나를 건네주면서 부는 방법을 알려 주셨단다."

"왜요?"

"사실 나도 그때는 그 이유를 몰랐어. 아주 나중에야 그 이유를 알았지."

크리스는 고개를 갸웃거렸다.

"도대체 그 이유가 뭐였어요?"

"선생님은 나에게 여유를 주고 싶었던 거야."

"여유?"

"그래. 너도 알겠지만 하키라는 게 아주 과격한 운동이거든. 손에 들고 있는 스틱은 당장이라도 무기가 될 수 있고, 퍽도 단단하고 무거워서 실수로 맞기라도 하면 그 자리에서 쓰러질 정도란다. 어디로 튈지 모르는 퍽을 쫓아다니면서 스틱을 휘두르다 보면 다치기 쉽고 또 금세 지치곤 하지. 그런데 그렇게 과격한 운동을 하면서 잠시도 쉬지 않았던 나는 어느새 아주 거칠고 맹렬한 아이가 되어 갔어."

크리스는 고개를 끄덕였다.

"어느 날 매튜 선생님은 부드럽게 웃으며 물으시더구나.

요즘 들어 네 모습이 얼마나 많이 변했는지 알고 있느냐고 말이야."

"그래요? 많이 변하셨나 봐요."

크리스는 낮은 목소리로 무심하게 말했다.

"그래, 그랬지……. 생각해 보니 매튜 선생님이 주신 오카리나를 연주하고 나서부터 변했던 것 같더구나. 그런데 크리스, 넌 어떤 취미를 갖고 있니?"

할아버지가 고개를 돌려 크리스의 얼굴을 보며 물었. 크리스는 한참 동안 생각하다가 입을 열었다.

"취미요? 학교에서 4학년부터 졸업할 때까지 악기를 하나 익혀야 한다고 해서 플루트를 배우고 있어요."

"그래? 플루트를 불고 있을 때면 마음이 편안해지고 즐거움을 느끼니?"

크리스는 고개를 저었다.

"아니요. 플루트를 부는 것도 공부하는 것과 똑같죠, 뭐. 배우고 연습하고 시험을 봐야 하니까요."

할아버지는 크리스의 무릎에 손을 얹으며 말했다.

"크리스, 무슨 일이든 열심히 하는 것은 좋지만, 그 일 때문에 힘들거나 지쳐서는 안 된단다. 지친 머리로는 아무것도 할 수 없거든. 공부도 할 수 없고, 운동도 할 수 없고, 심지어 놀 수도 없어."

"하지만 머리를 식히겠다고 마냥 쉴 수만은 없잖아요."

크리스는 할아버지의 얼굴을 올려다보며 약간 높아진 목소리로 말했다.

"크리스, 매튜 선생님 말씀대로 나를 되돌아보았더니 내 모습은 정말 다른 사람처럼 변해 있었단다. 숨이 턱에 닿을 정도로 연습하다가 잠시 쉬려고 자리에 앉으면 나도 모르게 오카리나를 불고 싶어졌어. 그렇게 잠깐 동안 오카리나로 좋아하는 노래를 한 곡씩 연주하고 나면 마음이 아주 편안해졌단다. 오카리나를 연주하기 전에는 맹목적으로 연습에만 매달렸는데, 그 뒤부터는 같은 시간 동안 연습을 해도 훨씬 여유로워졌지."

"연습에 방해가 된 게 아니고요?"

크리스가 심드렁한 표정으로 계단 아래를 내려다보았다.

"방해가 되었냐고? 허허허, 그럴 리가 있니? 6학년 때 나는 조지아 주 엠브이피(MVP) 선수가 되었어. 결국 선생님의 생각이 옳았어. 나는 거친 운동으로 지친 몸과 머리를 오카리나 연주로 달래면서 더욱 실력 있는 선수가 될 수 있었거든."

크리스는 놀란 눈으로 할아버지를 쳐다보았다.

"지금도 집에 가 보면 그때 받았던 트로피가 있는걸. 아, 그리고 오카리나로 얻은 것은 그뿐만이 아니었단다."

"그럼 또 뭐가 있었나요?"

"그때 나는 일요일마다 교회에서 성가대 활동을 하고 있었거든. 크리스마스 공연 때 오카리나로 캐럴을 연주했는데, 그날 이후 예쁜 여자 아이들에게서 연애편지를 아주 많이 받았단다. 하하하."

할아버지의 호탕한 웃음소리에 크리스도 저절로 웃음이 나왔다.

할아버지는 이내 웃음을 거두고 진지하게 말했다.

"크리스, 내가 너에게 해 주고 싶었던 말은……."

할아버지는 잠깐 말을 멈추더니 계단을 내려가 크리스와 눈높이를 맞추었다. 그리고 오렌지색 수첩을 한 장 찢어 크리스에게 건넸다. 거기에는 이렇게 쓰여 있었다.

첫 번째 지혜 : 좋은 취미를 가지렴

"자, 아직 수업 시작하려면 시간이 좀 남았지?"

크리스는 시계를 보았다. 1교시 시작까지 30분쯤 남아 있었다.

"네."

"그럼 오늘은 이만 할까?"

할아버지는 계단에서 일어서며 크리스를 바라보았다.

크리스는 웃으며 고개를 끄덕였다.

할아버지는 다시 청소 도구를 챙겨 계단을 올라갔다. 잠시 뒤 익숙한 할아버지의 노랫소리가 들려왔다.

크리스는 얼른 책을 덮고 계단에서 일어섰다. 생각할 거리가 하나 생겨서인지 머릿속이 조금 복잡해졌다.

첫 번째 지혜: 좋은 취미를 가지렴

    집과 학교, 학원을 오가며 반복되는 하루하루, 해도 해도 끝이 없을 것 같은 숙제와 공부. '학생이니까 당연히 해야 하는 일이지.' 하고 생각하면서도 힘들거나 지칠 때가 있을 거예요. 그럴 때 즐거움을 주는 취미가 있다면 생활에 큰 활력이 되겠지요?

    스트레스가 확 날아갈 만한 신나는 취미, 마음이 편안해지는 감상적인 취미, 무엇이든 상관없어요. 즐거움을 느낄 수 있다면 어떤 것이든 좋은 취미가 될 수 있답니다. 단, 다른 사람들에게 피해를 주는 일만 아니라면 말이지요.

농구공

그날도 수학 시간으로 수업이 시작되었고, 다른 날과 별다를 것 없는 시간이 흘렀다. 하지만 크리스에게만큼은 평범하지 않은 하루였다.

'취미가 꼭 있어야 하나? 과연 공부 말고 내가 좋아할 만한 취미가 있을까?'

크리스는 틈이 날 때마다 할아버지의 말씀을 떠올리며 생각했다. 마땅히 떠오르는 것은 없었지만, 이런 생각을 한다는 것만으로도 크리스에게는 꽤나 특별한 일이었다.

"크리스, 무슨 생각을 그렇게 골똘히 해?"

쉬는 시간에 알렉스가 크리스 곁으로 다가오며 물었다.

크리스는 알렉스를 보며 대뜸 물었다.

"알렉스, 넌 취미가 뭐야?"

알렉스는 멀뚱한 얼굴로 크리스의 얼굴을 한참 동안 쳐다보았다. 그러다 입 꼬리를 살짝 올리며 말했다.

"취미? 내 취미는…… 음, 비밀이야."

알렉스는 서둘러 일어나 자기 자리로 가 버렸다. 크리스는 알렉스를 보며 고개를 갸웃거렸다.

수업을 마치고 집으로 오니 엄마와 앤디가 창고와 정원 사이를 바삐 오가고 있었다.

"무슨 일이지?"

크리스가 정원에 들어서서 주변을 둘러보니 한쪽 구석에 쌓여 있는 오래된 물건들이 눈에 띄었다. 크리스는 얼른 창고로 달려가 보았다. 창고 안에서는 엄마와 앤디가 장갑을 낀 채 물건들을 밖으로 옮기고 있었다.

"크리스 왔니? 어유, 창고 청소를 오랫동안 안 했더니 아주 엉망이야. 크리스, 특별히 할 일 없으면 엄마 좀 도와주겠니?"

"할 일 많은데……."

크리스는 등에 메고 있던 가방을 앞으로 옮겨 들며 중얼거리듯 말했다.

"앤디도 돕고 있잖니."

"네, 알았어요."

크리스는 하는 수 없다는 듯 터덜터덜 방으로 들어가 가방을 내려놓고 창고 쪽으로 느릿느릿 걸어갔다. 창고 안에는 크리스가 어릴 때 만들었다는 마카로니 액자도 있고, 앤디가 타고 놀던 목마도 있었다. 크리스는 그 물건들을 하나씩 밖으로 끄집어냈다.

그렇게 한참 동안 먼지를 뒤집어쓰고 물건을 꺼내던 크리스는 낡은 상자 안에 들어 있는 농구공 하나를 꺼내 들고 유심히 살피기 시작했다.

"그게 거기 있었구나!"

엄마가 크리스를 보며 말했다.

크리스는 밖으로 나와 농구공을 물에 씻어 보았다. 아무리 씻어도 제 색을 찾지 못하는 농구공……. 운동을 좋아하던 아빠의 농구공이었다.

크리스가 어릴 때, 그리고 앤디가 아직 유모차에 탄 아기였을 때 크리스 가족은 주말이면 늘 공원에 갔다. 공원에서 엄마와 크리스, 앤디는 아빠가 농구하는 모습을 구경했다. 아빠는 가끔 공원에 모여 있던 아이들과 경기를 벌였는데, 그럴 때면 가족들은 누구보다 열심히 응원했다.

"아빠, 파이팅!"

"와, 슛! 골인!"

농구를 마치고 나면 아빠는 늘 이 농구공을 거실 한쪽에 놓아두었다. 그리고 틈이 날 때마다 앤디와 크리스에게 손가락 위에 농구공을 올려놓고 빙글빙글 돌리는 모습을 보여 주었다. 그럴 때면 크리스는 아빠가 꼭 마술을 하는 것 같다고 생각했다.

그때 아빠는 지금처럼 바쁘지 않았고, 크리스네 가족도 지금처럼 부자는 아니었다.

전에 살던 집보다 두 배 더 큰 지금 집으로 이사 오면서 아빠는 맨 처음 뒷마당에 농구대를 세웠다. 그런데 그 뒤로 아빠가 농구하는 모습을 볼 수 없었다. 일주일에 두어 번 집에 오는 아빠에게 농구할 시간은 없었다.

크리스는 청소를 끝내고 방으로 들어가서 농구공을 책상 위에 올려 두었다. 왠지 쉽게 버릴 물건이 아니라는 생각이 들었다.

 "후유, 이제 청소도 끝났으니 공부해야지."

 크리스는 책상에 앉아 책을 펼쳐 들었다. 아무것도 없이 썰렁하던 책상에 농구공이 놓여 있어서인지 새로운 기분이 들었다.

 한참 동안 책과 씨름하고 있는데, 밖에서 약간 시끄러운 소리가 들렸다. 곧 크리스 방의 문이 열렸다. 아빠였다.

 "아빠, 다녀오셨어요?"

 오늘 아침 회사에 출근할 때만 해도 아빠는 바빠서 집에 들어오지 못할 것 같다고 말했다. 그래서 크리스는 아빠가 나타나자 조금 당황한 표정을 지었다.

 "그래, 공부하고 있었니?"

 아빠는 어느새 크리스 등 뒤로 와서 서 있었다.

 "이게 뭐지?"

 아빠는 책상 위에 놓인 농구공을 들어 보았다.

 "아까 창고 청소하다가……."

"이걸로 뭘 하려고?"

"그냥……."

크리스는 말꼬리를 흐렸다.

"너무 낡았구나. 농구공이 필요하면 새것으로 하나 사는 게 더 나을 텐데……."

아빠는 책상 위에 다시 농구공을 내려놓으며 무심하게 말했다.

그게 아니라고, 그 농구공은 단순한 농구공이 아니라 어린 시절에 가장 행복해 보였던 우리 가족의 모습이라고 말하고 싶었지만, 크리스는 입을 꾹 다물었다.

아빠가 방문을 닫고 나가자 크리스는 침대에 벌렁 드러누워 천장 벽지에 새겨진 자동차를 세기 시작했다. 스물다섯, 스물여섯…… 스르르 눈이 감겨 왔다. 크리스는 그대로 잠이 들어 버렸다.

"형, 이거 안 치워?"

창고를 정리하고 며칠이 지났다. 시디(CD)를 찾으려고 크리스 방에 들어갔던 앤디가 농구공을 들고 나오며 소리쳤다.

"책상 위에 갖다 둬!"

목욕탕에서 나오던 크리스는 화난 얼굴로 말했다. 앤디는 아무 말 없이 농구공을 다시 책상 위에 올려 두었다.

한참 저녁 식사를 하고 있을 때, 아빠가 지친 얼굴로 현관문을 열고 들어왔다.

"아빠!"

앤디가 현관으로 달려 나가 아빠 목에 대롱대롱 매달렸다. 크리스도 일어나 꾸벅 인사했다.

"그래, 오늘도 공부 잘했고?"

"네."

아빠는 피곤한 얼굴로 넥타이를 풀며 방으로 들어갔다. 크리스는 다시 식탁에 앉아 스푼을 들었다.

'아빠는 내 얼굴을 보면 공부 말고는 생각나는 말이 없는 걸까?'

그 생각이 떠오르자 갑자기 가슴이 답답해졌다. 크리스는 아무 말 없이 스푼을 내려놓고 자리에서 일어났다.

"아니, 그만 먹으려고?"

엄마가 걱정스러운 표정으로 물었다.

"네. 배불러요."

"평소의 반도 안 먹었는데……."

"아까 간식을 먹어서 그런가 봐요."

크리스는 그릇을 싱크대에 넣고 방으로 들어왔다. 그리고 책상에 앉아 책을 펼쳤다. 그때 크리스의 눈에 농구공이 들어왔다.

크리스는 농구공을 집어 들고 한참 동안 뚫어져라 쳐다보았다. 그리고 예전에 아빠가 그랬던 것처럼 손가락 위에 공을 올리고 빙그르르 돌려 보았다.

공은 두 바퀴도 채 돌지 않고 바닥으로 떨어졌다. 크리스는 다시 공을 주워 손가락 위에 올려 보았지만 이번에도 금세 떨어지고 말았다. 서너 번이나 공을 떨어뜨렸을까?

"이게 무슨 소리야?"

방문이 벌컥 열리면서 아빠가 소리쳤다. 크리스는 농구공을 든 채 놀란 눈으로 아빠를 쳐다보았다.

"공부하는 줄 알았더니……."

크리스는 아무 말 없이 고개를 숙였다. 아빠는 바닥에서 나뒹굴고 있는 농구공을 손가락으로 가리켰다.

"이걸 떨어뜨렸던 거야?"

크리스는 아빠의 화난 목소리에 아무 말 없이 고개를 끄덕였다.

"공놀이라면 밖에서 해야지, 시끄럽게······."

"공놀이를 한 게 아니에요."

크리스는 왠지 억울하다는 생각에 아빠 눈을 쳐다보며 말했다.

"공놀이를 하는 게 아니라면 뭐야?"

"예전에 우리 어렸을 때······ 아빠가 보여 주셨던 걸 한번 해 보고 싶어서······."

크리스는 아빠 표정을 살폈다. 한바탕 큰 소리라도 날 줄 알았는데, 뜻밖에 아빠는 아무 말도 하지 않았다.

한참 동안 아빠와 크리스 사이에 어색한 침묵이 흘렀다.

침묵을 먼저 깬 건 아빠였다. 아빠는 조심스레 농구공을 들어 올렸다.

"이거 말이냐?"

아빠는 공을 손가락 위에 올린 채 빙그르르 돌렸다. 한참 동안 돌아가는 농구공, 크리스의 얼굴에 저도 모르게 미소가 퍼졌다.

"네. 그게 해 보고 싶었어요."

"이게 뭐가 어렵다고……. 자, 손가락을 펴 봐."

아빠는 크리스의 손가락 위에 농구공을 올려놓았다. 그러고는 균형을 잡으며 돌리는 방법을 가르쳐 주었다.

그렇지만 아무리 해 봐도 농구공은 크리스의 손가락 위에서 두 바퀴 이상 돌아가지 않았다.

"후유, 연습 좀 해야겠다. 아빠도 하루아침에 한 게 아니야. 그러니까 열심히 연습해 봐."

아빠는 크리스의 방 문을 닫고 밖으로 나갔다. 이상하게 크리스의 마음이 설렜다.

가족

　또다시 수요일이 되었다. 밥 할아버지에게 두 번째 지혜를 듣는 날이기도 했다.
　크리스는 여느 때처럼 새벽부터 계단참에 앉아 책을 펼쳐 놓고 할아버지를 기다렸다. 이제 날씨가 많이 따뜻해져서 겉옷을 입지 않아도 춥지 않았다.
　"소리 높이 외쳐라! 하늘이 떠나가게~ 손에 손을 맞잡고 다 함께 노래 부르세!"
　잠시 뒤 익숙한 할아버지의 노랫소리가 들려왔다. 크리스는 자신도 모르게 계단에서 벌떡 일어섰다.

"크리스, 왜 서 있어? 아직 다리도 다 낫지 않았을 텐데, 앉아 있지 않고…….."

"다리는 이제 안 아파요."

크리스는 무릎을 굽혔다 펴며 말했다.

"그래, 다행이구나."

할아버지는 오렌지색 수첩을 꺼내며 계단에 앉았다. 크리스도 할아버지를 따라 옆에 앉으며 책 사이에서 오렌지색 수첩을 꺼내 보였다.

"어때요?"

"음, 내 것처럼 멋지진 않지만 좋아 보이는구나."

"할아버지도 참……. 지난번 이야기 듣고 나서 저도 할아버지의 말씀을 적어 두고 싶어서 샀어요."

"그래, 좋은 생각이야."

할아버지는 수첩을 뒤적이더니 한 면을 펼쳐 놓았다.

"이번에도 매튜 선생님 이야기인가요?"

할아버지는 고개를 절레절레 저었다.

"이번에는 앨리스에게서 받은 거야."

"앨리스?"

크리스가 눈을 동그랗게 뜨고 할아버지의 얼굴을 쳐다보았다.

"내 아내지. 지금은 내 곁에 없지만……."

할아버지는 그윽한 눈빛으로 창밖을 내다보았다. 크리스는 그런 할아버지의 얼굴을 물끄러미 바라보았다.

"앨리스는 아주 현명한 아내이자 어머니였단다. 또한 손자들에게는 더없이 좋은 할머니였지."

"저는 할머니 얼굴도 몰라요. 제가 태어나기 전에 돌아가셨거든요."

"그랬구나. 할머니께서 살아 계셨으면 많이 예뻐해 주셨을 텐데……."

"앨리스라는 분, 제가 할머니라고 불러도 되나요?"

"하하하, 이렇게 똘똘한 손주가 하나 더 생겼다고 하면 아마 하늘에서도 무척 행복해할 것 같구나."

할아버지는 환하게 웃음을 지어 보인 뒤 말을 이었다.

"나는 대학교를 졸업한 뒤 회사에 다녔단다. 어른이라면 누구나 그렇겠지만, 나도 더 나은 미래를 위해 정말 바쁘게 일했지."

크리스는 진지한 표정으로 할아버지의 이야기를 들었다.

"얼마나 열심히 일을 했냐면…… 일주일이면 집에 들어오는 날이 세 번쯤 됐을 거야."

"그건 저희 아빠도 마찬가지예요."

크리스가 고개를 떨구며 말하자 할아버지가 고개를 끄덕였다.

"그래, 사실 너희 아빠 나이 정도의 남자들이라면 누구든 그럴 거야. 특히 자신의 일에 욕심이 많은 사람이라면 더 할 테지. 네가 다른 아이들보다 더욱 열심히 공부하는 것도 그런 아빠를 닮은 것 아니냐?"

크리스는 자신도 모르게 웃음을 머금었다. 아빠를 닮았다는 말은 어릴 때부터 지금까지 줄곧 들어 온 말이었다.

"아빠와 함께하는 시간이 적어서 많이 서운하겠구나."

크리스는 할아버지의 말에 아무 대답도 하지 못하고 입을 꾹 다물고 있었다. 그러다 곧 고개를 절레절레 저었다.

"그건 아니에요."

"왜?"

"아빠는 집에 오면 늘 똑같은 말씀만 하시거든요. 열심히 공부해라. 경쟁에서 이겨 1등이 되어야 한다……. 그런 이야기를 듣고 있을 때면 저도 모르게 긴장돼요. 1등이 되지 못하고 성적이 떨어지면 아빠한테 혼이 나거나 무시당할까 봐요."

할아버지는 걱정스러운 표정으로 크리스를 바라보았다. 그러고는 이내 웃음 지으며 말을 이었다.

"다시 내 이야기를 해 볼까. 앨리스와 나는 결혼하고 아이를 셋 낳았단다. 그즈음 나는 회사에서 능력을 인정받아 승진을 거듭하고 있었지. 정말 부러울 것이 없었단다."

크리스는 고개를 끄덕였다.

"그러던 어느 날이었어. 추수감사절이었는데 앨리스는 식사를 준비하느라 미처 아이를 돌볼 틈이 없었지. 그런데 그 틈에 그만 아이가 식탁에 포도 주스를 쏟았단다."

"어유, 앤디도 만날 그랬어요."

크리스는 고개를 절레절레 저었다.

"그때 나는 화가 난 나머지 큰 소리로 앨리스에게 소리를 지르고 말았어. 지금 생각해 봐도 그때 내가 아내에게 했던 말은 충분히 상처가 될 만했지."

그 순간 크리스는 얼마 전 본의 아니게 엿들었던 엄마와 아빠의 말다툼이 떠올랐다.

"우리 아빠여도 그러셨을 거예요. 아빠는 제가 실수하는 것을 용서하지 못하시거든요. 그리고 가끔 엄마하고 말다툼도 하시는 것 같아요."

어두운 표정으로 말하는 크리스를 보며 할아버지가 큰 소리로 웃었다.

"하하하, 그러고 보니 너희 아빠와 젊은 시절의 나는 비슷한 점이 참 많구나."

"그런가요?"

크리스가 어색하게 웃어 보였다.

"자, 아빠에 대해서는 이야기를 했고, 엄마는 어떤 분이시니?"

"엄마는 일하느라 바쁘지만, 그래도 늘 저희를 위해 최선을 다하시죠. 칭찬도 많이 하고, 따뜻한 말씀도 많이 해 주시고……. 하지만 저보다 앤디를 더 좋아하세요."

크리스는 씁쓸한 표정을 지었다.

할아버지는 고개를 끄덕이면서 또다시 질문을 던졌다.

"그럼, 앤디는 어떤 아이지?"

크리스는 잠깐 생각하다가 입을 열었다.

"앤디는요…… 잘 모르겠어요. 말썽도 많이 피우고 성적도 엉망이고……."

크리스의 얼굴에 살짝 그늘이 졌다.

"그렇다고 네가 동생을 사랑하지 않는 건 아니잖니?"

"사랑이오?"

크리스는 "풋!" 하고 헛웃음을 터뜨렸다.

"모르겠어요."

크리스는 고개를 절레절레 흔들었다.

"모르는 게 아닌 것 같은데?"

할아버지는 크리스의 얼굴을 유심히 보며 말했다.

크리스는 한참 동안이나 계단을 손가락으로 툭툭 건드리며 생각하다가 고개를 들었다.

"솔직히 앤디가 착하고 귀엽다는 건 알아요. 저마다 일 때문에 바쁜 식구들이 그 녀석 때문에 웃을 때도 많고요. 그렇지만 저는 정말 이해할 수 없어요. 그 녀석이 엄마, 아빠의 사랑을 독차지하는 건……."

크리스는 갑자기 가슴이 울컥했다. 사실 앤디에 대해 느끼는 감정을 그 누구에게도 말해 본 적이 없었다. 동생이 없는 알렉스가 가끔 "너는 동생을 왜 그렇게 구박하냐?" 하고 한마디씩 건넸지만, 그럴 때마다 크리스는 아무 대답도 하지 않았다.

크리스는 고개를 떨구며 말을 이었다.

"저만 따로 떨어져 있는 것 같아요. 엄마와 앤디랑 아빠는 함께 있으면 늘 즐거운데……."

"그랬구나."

할아버지는 길게 한숨을 내쉰 뒤 말을 이었다.

"자, 내 이야기를 좀 더 하마. 그 일이 있고 난 뒤 한동안 앨리스의 눈치를 살펴야 했어. 그렇지만 앨리스는 보통 때와 똑같이 나를 대했단다."

"잘 참는 분이었나 봐요."

"음, 과연 그럴까? 앨리스는 아무도 생각하지 못할 방법으로 나에게 복수했는데?"

"어떤 복수요? 궁금해지는데요?"

"나는 회사에서 일주일에 한 번씩 동료들과 볼링을 쳤단다. 그날도 볼링을 치러 볼링장에 갔지. 그곳에서 운동 셔츠를 꺼내는데, 셔츠에 글자가 새겨져 있었어."

"글자요? 어떤 글자요?"

"가족이 곁에 있다는 것은 축복이다."

"가족이…… 곁에…… 있다는 것은…… 축복이다……?"

크리스는 조용히 할아버지의 말을 따라 해 보았다.

"나는 그날 그 글자가 수놓인 셔츠를 입고 동료들 앞에서 볼링을 쳐야 했단다."

"하하하!"

크리스가 큰 소리로 웃음을 터뜨렸다.

"아주 큰 소리로 웃는구나."

"아, 죄송해요. 글자가 새겨진 옷을 입고 볼링하시는 모습을 상상하니…… 하하하!"

할아버지가 목소리를 가다듬고 크리스에게 물었다.

"크리스, 넌 가족이 늘 곁에 있는 것이 축복이라고 생각해 본 적 있니?"

크리스는 고개를 세차게 저었다.

"음, 젊었을 때의 나와 똑같구나. 나는 그때만 해도 아내와 아이들을 '내가 돈을 벌어 먹여 살려야 하는 사람' 쯤으로 생각했거든."

"아마 우리 아빠도 같은 생각을 하고 계실 거예요. 아빠도 회사에서 스트레스 받고 힘들게 일하는 것은 다 가족 때문이라고 말씀하시거든요."

크리스가 멍하니 창밖을 바라보며 말했다.

그러자 할아버지는 크리스를 바라보며 부드럽고 낮은 목소리로 말했다.

"모르긴 해도 많은 아빠들이 일이 힘들거나 스트레스를 받을 때 그런 말을 많이 할 게다. 그런데 말이야, 곰곰이 생각해 보렴. 그런 생각을 하는 사람이 꼭 아빠뿐일까?"

"네?"

크리스는 고개를 돌려 할아버지의 얼굴을 바라보았다.

"하하하, 그렇게 눈을 동그랗게 뜨고 볼 건 없고……. 내 말은, 누구든 자신이 하는 일을 가족에게 인정받고 싶어 하기 마련이라는 거야. 너도 너의 실력이나 빈틈없는 행동을 부모님께 인정받고 싶어 하잖니?"

"저는 인정받으려고 한 적 없어요."

"크리스, 만일 그렇다면 앤디가 부모님께 사랑받는 것을 왜 이해하지 못하지? 내 짐작이 맞다면, 너는 너보다 성적도 좋지 않고 허술하게 행동하는 앤디가 부모님께 더 사랑받는 것을 못 견디는 듯한데 말이야."

갑자기 크리스는 가슴 한쪽이 뭔가로 쿡 찔리는 듯한 느낌이 들었다. 할아버지는 굳어 버린 크리스의 얼굴을 보며 말했다.

"이렇게 한번 생각해 보렴. 어느 날 잠에서 깼는데 엄마와 아빠 그리고 앤디가 네 곁에서 사라진 거야."

크리스는 눈을 질끈 감고 고개를 절레절레 저었다.

"생각만 해도 끔찍하니?"

"네."

"그래. 정말 끔찍한 일이지."

할아버지는 멀리 창밖을 바라보며 말을 이었다.

"가족을 위해 일한다는 생각을 버리고 난 뒤, 나는 더욱 즐겁게 일을 할 수 있었단다. 가만히 생각해 보니 가족은 내가 뭔가를 꼭 잘하려고 노력하지 않아도 늘 내 곁에서 사랑을 주는 사람들이더구나. 그러니까 크리스 너도 가족에게 인정받기 위해 공부하고, 또 그것 때문에 앤디보다 우월하다는 생각을 버리는 게 어떻겠냐? 게다가 동생 앤디가 가족에게 웃음을 주고 사랑받기는 하지만, 적어도 의젓하고 똑똑한 면에서는 네가 훨씬 더 인정받지 않니? 가족들 사이에서 누가 우월하고, 또 그렇지 않다고는 말할 수 없을 것 같은데?"

"그럴까요?"

"그럼."

할아버지는 눈을 찡긋하며 웃어 보였다. 크리스는 그런 할아버지를 바라보며 씁쓸하게 웃었다.

"자, 이제 다시 일을 해야지. 그럼 우리 다음 주 수요일에 만나자."

할아버지는 엉덩이를 털며 자리에서 일어섰다. 그리고 미리 준비해 둔 쪽지 하나를 크리스의 오렌지색 수첩 위에 슬쩍 놓고는 계단을 오르며 청소를 하기 시작했다.

크리스는 할아버지의 뒷모습을 바라보다가 쪽지의 내용을 오렌지색 수첩에 옮겨 적었다.

두 번째 지혜 : 가족이 곁에 있다는 것은 축복이란다

크리스는 자기가 수첩에 쓴 문장을 물끄러미 바라보았다. 머릿속에 엄마, 아빠, 앤디의 얼굴이 떠올랐다. 크리스는 잠시 눈을 감고 가족들이 자신을 바라보며 환하게 웃고 있는 모습을 상상했다. 그러자 갑자기 가슴이 두근두근 뛰기 시작했다.

크리스는 재빨리 눈을 뜨고 수첩을 챙겨 교실로 갔다. 책상에 앉고 나서도 두근거리는 가슴이 쉽사리 가라앉지 않았다. 아무래도 오늘 하루는 가족에 대한 생각으로 머릿속이 가득 찰 것만 같았다.

크리스가 도서관에 들렀다 집에 와 보니 앤디가 엄마에게 혼나고 있었다.

"앤디, 지금 뭐 하는 거야? 공부한다면서 왕왕거리는 컴퓨터를 켜 두고, 또 10분에 한 번씩 거실에 나와 텔레비전을 보고……. 이렇게 해서 무슨 공부가 되겠니?"

늘 밝고 명랑하던 앤디가 기운 빠진 표정으로 아무 말 없이 서 있었다.

"들어가서 오늘 과제 얼른 마치도록 해."

엄마는 앤디의 등을 떠밀었다.

그때였다.

"형, 또 뭐라고 한마디 하려고 했지?"

앤디는 멀뚱히 쳐다보고 있는 크리스를 돌아보며 물었다. 크리스는 여전히 아무 말도 하지 못했다.

앤디의 말처럼 이런 일이 생기면 크리스는 늘 엄마를 거들며 앤디에게 한마디씩 하곤 했다. 그런데 앤디가 먼저 물어 오니 딱히 할 말이 없었다.

"형은 내 마음 몰라. 형은 공부를 잘하잖아."

앤디가 울먹이며 말했다.

크리스는 갑자기 가슴 한쪽이 찡해졌다. 앤디는 멍하니 서 있는 크리스를 두고 방으로 들어가 버렸다. 그런 앤디의 뒷모습이 쓸쓸하게 느껴져서 크리스는 한참 동안 자리를 뜨지 못했다.

'나만 그랬던 게 아니라 앤디도 그랬구나.'

방으로 들어와 침대에 드러누웠는데, 문득 크리스의 머

릿속에 이런 생각이 스쳐 지나갔다. 크리스가 앤디에게 묘한 질투심을 느꼈던 것처럼, 어쩌면 앤디도 자신보다 더 뛰어나고 공부 잘하는 형에게 질투를 느끼고 있었을 것 같다는 생각…….

그렇게 한참 동안 누워 있는데 누군가 방문을 똑똑 두드렸다.

"크리스, 잠깐 들어가도 되겠니?"

엄마의 목소리를 듣자 크리스는 얼른 침대에서 일어나 앉았다. 엄마는 방문을 열고 들어와 크리스 곁으로 와서 앉았다.

"크리스, 오늘 선생님하고 통화했어."

"저희 선생님이오?"

엄마는 고개를 끄덕였다.

"무슨 일로요?"

"그냥, 우리 크리스가 학교에서 어떻게 지내는지……. 원래 너희 선생님께서는 부모님들에게 전화를 자주 해 주시잖니."

"뭐라고 하세요?"

크리스는 선생님이 어떤 말씀을 하셨는지 궁금했지만 아무렇지 않은 듯 물었다.

"다 잘한다고 하시지, 뭐. 공부도 열심히 하고, 성실하고, 예의 바르고, 착하고……."

크리스는 아무 말 하지 않고 바닥을 내려다보았다.

"다만 여러 친구들이랑 두루두루 친하게 지내지 않는 것 같아서 그게 좀 아쉽다고 하시던데, 그거야 뭐 점점 좋아지겠지. 그렇지?"

크리스는 성의 없이 고개를 끄덕였다. 사실 친구 이야기라면 선생님이 크리스에게 직접 이야기한 적이 있어서 이미 알고 있었다.

"오늘 중간고사 일정 발표했다며?"

"네."

엄마가 빙긋 웃으며 말했다.

"너야 뭐, 시험 준비는 알아서 잘 하겠지."

"중간고사 끝나고 나면 과학 경시 대회도 있어요. 공부할 게 많아요."

크리스는 엄마를 향해 웃음 지으며 말했다.

"그래? 힘들겠구나. 그래도 쉬어 가면서 하도록 해. 그나저나 시험이라고 하니까 앤디가 걱정이다. 아 참, 그런데 아까 왜 앤디에게 아무 말 하지 않았어? 보통 때라면 한마디 했을 것 같은데?"

크리스는 선뜻 말을 꺼내지 못하고 우물쭈물했다.

"왜 그래? 너답지 않게……. 혹시 무슨 고민거리라도 생겼니?"

엄마는 크리스의 얼굴을 살피며 조심스레 물었다.

크리스가 고개를 들고 말했다.

"저…… 제가 앤디에 대해 잘 모르고 있었던 것 같아요."

"어떤 걸?"

"저는 앤디가 엄마, 아빠의 사랑을 독차지하는 아이라고 생각했어요."

"그건……."

엄마는 뭐라고 말하려다가 멈칫했다. 그러고는 크리스에게 계속 이야기하라는 손짓을 해 보였다.

"그래서 제가 앤디보다 낫다는 걸 엄마, 아빠께 보여 드리려고 앤디가 뭘 잘못하면 더 혼을 냈거든요. 그런데 아까 앤디를 보니까……."

크리스는 잠시 틈을 두었다가 다시 말을 이었다.

"만약에 제가 앤디였다면, 그러지 않아도 엄마한테 혼이 나서 마음이 상했는데 형까지 더 혼을 내면 상처를 받았을 것 같다는 생각이 들었어요. 그래서 아무 말 하지 않고 가만히 있었어요."

이야기를 다 들은 엄마는 크리스의 두 손을 꼭 잡았다.

"크리스, 엄마가 미안하구나."

"아, 아니에요. 그게 아니라……."

"아니야. 어떻든 네가 앤디보다 사랑받지 못한다는 생각을 한 적이 있다면 엄마가 미안하지. 그런데 크리스, 너도 알지? 엄마랑 아빠가 우리 크리스를 너무나 자랑스럽게 생각한다는 것 말이야."

크리스는 고개를 끄덕였다.

"어쩌면 그래서였는지도 몰라. 앤디는 언제나 철부지 아기 같고, 너는 다 자란 어른 같거든. 너는 믿음직스러우니까 굳이 신경 써 주지 않아도 알아서 잘할 것 같고, 앤디는 하나하나 신경 쓰지 않으면 아무것도 못할 것 같아서 그랬는데……. 네 이야기를 듣고 보니까 그건 아니었던 것 같구나."

크리스는 괜히 엄마에게 미안한 마음이 들었다.

"솔직하게 얘기해 줘서 고마워. 엄마도 네 덕분에 생각을 많이 해 봐야겠네. 그리고 아까 앤디를 혼내지 않은 건 정말 잘한 거야. 그거 칭찬해 주고 싶었어."

엄마는 얼굴 가득 웃음을 지으며 말했다. 크리스도 환한 얼굴로 엄마를 쳐다보았다. 왠지 가슴속에서 뜨거운 무언가가 맴도는 것 같았다.

두번째 지혜 가족이 곁에 있다는 것은 축복이란다

우리가 숨 쉬는 공기, 음식마다 빠지지 않고 들어가는 소금, 어디서나 마실 수 있는 물……. 너무나 가깝고 흔하기 때문에 우리는 이런 것들의 소중함을 잘 알지 못할 때가 있지요. 그렇지만 당장 이것들이 없다면 아마 우리는 큰 혼란에 빠지고 말 거예요.

가족도 마찬가지예요. 우리는 가족이 곁에 있다는 것을 너무나 당연하게 여겨서 가족의 소중함을 잊을 때가 종종 있어요. 하지만 지금 여러분 곁에 가족이 없다면 얼마나 슬프고 외로울까요? 오늘부터라도 가족을 향한 사랑의 마음을 표현해 보세요.

투덜대기 전에

엄마와 이야기를 나누고 나서 크리스의 마음은 한결 편해졌다. 물론 엄마가 평소와 많이 달라진 것은 아니었다. 여전히 엄마는 크리스보다 앤디를 더 챙겼고, 앤디 곁에서 떠나지 않았다. 다만 한 가지 달라진 것이라면 크리스를 보고 웃어 주는 일이 전보다 많아졌다는 정도였다. 그럴 때면 크리스는 엄마가 자신에 대한 믿음을 그렇게 보여 주는 것 같아 마음이 뿌듯해졌다.

"공부 잘하는 아이들이나 저런 데 관심 있지, 뭐."

"야, 뭘 보고 있어? 얼른 가서 못한 과제나 하자."

계단참에서 아침 공부를 마치고 교실로 들어가려는데, 아이들 몇몇이 벽에 붙은 포스터 앞에 서서 이야기를 나누고 있었다.

"뭐지?"

크리스는 고개를 갸웃거리며 포스터 앞으로 다가갔다. 과학 경시 대회를 알리는 포스터였다.

'드디어 나왔구나.'

크리스는 더욱 가까이 다가가 포스터를 한 줄 한 줄 유심히 읽어 내려갔다.

그때 누군가가 크리스의 등 뒤에서 말했다.

"크리스, 이번에는 과학 서클 아이들이 아주 열심히 준비하는 것 같던데? 너도 같이 하고 있지?"

크리스가 고개를 돌리니 과학 서클 지도를 맡고 있는 피터 선생님이 서 있었다. 윗학년 과학을 가르치는 선생님이라 정식 수업을 받은 적은 없지만, 과학 서클 모임 때 몇 번 만난 적이 있었다.

크리스는 아무 말 없이 선생님의 얼굴을 올려다보았다.

"아 참, 올해부터 신청 절차가 바뀌었어. 인터넷으로만 신청 서류를 접수한다니까 과학 서클 아이들한테 꼭 이야기해 줘라."

피터 선생님은 양손 가득 책이며 실험 준비물을 안고 과학실로 갔다.

크리스는 다시 한 번 포스터를 살펴보았다. 선생님 말씀대로 포스터 한쪽 귀퉁이에 '신청 서류는 인터넷으로만 접수합니다.' 라고 쓰여 있었다. 그런데 글씨도 작은 데다 포스터의 바탕색과 비슷해서 쉽게 눈에 띄지 않았다.

"잘 안 보이네."

크리스는 혼잣말을 중얼거리고 교실로 갔다. 오늘부터 중간고사가 있는 날이었다.

"어때, 시험 잘 봤어?"

드디어 중간고사가 끝나는 날, 알렉스가 다가와 크리스의 어깨를 툭 치며 말했다.

"그냥······."

크리스는 말꼬리를 흐리며 살짝 웃음 지었다.

"시험 잘 봤구나! 이번에도 1등은 네 차지겠는데?"

알렉스가 목소리를 높였다.

그때였다.

"그럼, 어지간히 잘하셨겠어? 혹시라도 누가 공부하는 걸 볼까 봐 얼마나 조심조심 공부하시는데."

찰리였다.

크리스는 찰리를 노려보았다.

"노려보면 어쩔 건데? 그러지 않으면 왜 과학 서클 모임에 와서 한마디도 안 하고 꿔다 놓은 보릿자루처럼 앉아 있는데? 그러려면 오지를 말든가."

크리스는 여전히 비아냥거리는 찰리에게 코웃음을 치며 말했다.

"나 참……. 공부하기 전에 소문이라도 내고 해야 하는 거였나?"

찰리는 신경질적으로 가방을 둘러메며 한마디 던졌다.

"재수 없어."

그런 찰리와 크리스 사이에서 알렉스만 안절부절못했다.

"너희들 왜 그러는 거야? 그만 좀 해라, 응?"

"됐어. 난 신경 안 써."

크리스는 알렉스의 손을 끌고 교실 밖으로 나왔다.

시험을 마치고 일찍 집으로 돌아와 보니 앤디가 혼자 식탁 의자에 앉아 곰곰이 생각에 잠겨 있었다.

"앤디, 뭐 하는 거야?"

크리스가 다가가자 앤디가 한숨을 몰아쉬며 말했다.

"이번 중간고사 결과를 엄마한테 어떻게 보여 줘야 할지 고민하고 있었어."

"아직 나오지도 않았는데, 뭘……."

"그렇지만 곧 나올 거잖아."

"성적이 안 좋아?"

"당연하지."

크리스는 웃으며 앤디의 볼을 살짝 꼬집었다.

"그러니까 평소에 공부 좀 하지 그랬어."

"형, 나는 정말 공부가 재미없어."

앤디는 계속해서 한숨을 쉬며 말했다.

"공부를 누가 재미로 하니? 그냥 해야 되니까 하지."

"어유, 형은 정말 따분해."

앤디는 어깨를 축 늘어뜨린 채 방으로 들어갔다. 그런 앤디의 뒷모습을 보는데 크리스는 저도 모르게 "쿡!" 하고 웃음이 터졌다.

"형은 재미있지? 나는 심각해."

앤디가 문을 쾅 닫고 들어갔다.

크리스는 괜히 머쓱해져서 뒤통수를 긁적이다 방으로 들어갔다.

크리스는 얼른 컴퓨터를 켠 뒤 과학 경시 대회 사이트를 찾아 들어갔다.

'빨리 접수부터 해야지.'

크리스는 시험 접수란을 클릭하고는 신청 서류를 전송했다. 속도도 빠르고 화면도 멈추지 않는 걸로 보아 아직 접수하는 아이들이 그리 많지 않은 것 같았다.

'아차, 아이들한테 이야기를 안 했네. 어쩌지?'

그제야 크리스는 아이들에게 인터넷 접수에 대해 이야기하지 않은 사실이 떠올랐다.

'다른 때는 한 마디도 안 하면서 이것 때문에 아이들하고 이야기를 해야 하나?'

크리스는 짧게 한숨을 쉬었다.

'에이, 알렉스한테 이야기 좀 해 달라고 그러지, 뭐.'

크리스는 얼른 과학 책과 참고서를 꺼내 심호흡을 한 번 했다.

또다시 수요일이 되었다.

"아함, 일어나기 싫다."

크리스는 평소보다 늦은 시간까지 침대에서 꾸물거리고 있었다. 과학 공부를 하느라 새벽이 되어서야 잠자리에 들었기 때문이다.

"헉, 수요일이지?"

크리스는 손가락으로 요일을 꼽아 보다가 자리에서 벌떡 일어나 부랴부랴 옷을 갈아입기 시작했다. 그리고 가장 빠른 속도로 얼굴을 씻고 가방을 챙겨 든 뒤 방을 나섰다.

"크리스, 아침 식사 해야지!"

"죄송해요. 오늘만 건너뛸게요."

엄마의 목소리를 뒤로하고 크리스는 현관문을 열었다. 그런 크리스를 보며 엄마는 고개를 갸웃거렸지만 별다른 말을 하지 않았다.

　학교에 다다른 크리스는 재빨리 계단참으로 달려갔다. 다행히 할아버지는 아직 오지 않은 모양이었다.

　크리스는 가쁜 숨을 가다듬으며 계단에 앉았다.

　"소리 높이 외쳐라! 하늘이 떠나가게~ 손에 손을 맞잡고 다 함께 노래 부르세!"

　여느 때와 마찬가지로 귀에 익은 할아버지의 노랫소리가 계단 아래에서부터 들려왔다.

　'할아버지는 늘 저 노래만 부르시네. 저 노래를 유난히 좋아하시나 봐.'

　크리스는 할아버지의 노랫소리에 따라 고개를 끄덕거렸다. 잠시 뒤 아래층 계단에 다다른 할아버지가 고개를 들고 크리스의 얼굴을 쳐다보았다.

　"오, 크리스! 아니, 눈이 왜 그래?"

　할아버지는 깜짝 놀란 얼굴로 계단을 성큼성큼 올라오더니 크리스의 얼굴을 유심히 살펴보았다.

　"눈이…… 왜요?"

　"빨간데? 잠을 잘 못 잤구나."

"아, 과학 경시 대회가 얼마 남지 않아서요. 어유, 하필 중간고사 끝나자마자 경시 대회라서 쉬지도 못하고 계속 공부를 해야 해요."

크리스는 잔뜩 찌푸린 얼굴로 볼멘소리를 했다.

"경시 대회면 학생들 모두가 나가는 건 아니잖아?"

"네. 5, 6학년 가운데 신청한 학생들만 나가요."

"너무 힘이 들면 신청하지 않는 게 좋지 않았겠니?"

"그건 안 돼요."

크리스는 눈을 동그랗게 뜨며 고개를 저었다.

"그렇지만 눈이 빨개질 정도로 잠을 못 자는 건 좋지 않은데……."

할아버지는 걱정스러운 표정으로 크리스의 머리를 쓰다듬었다.

"걱정 마세요. 그래도 요즘은 간간이 농구도 하고, 예전보다 훨씬 쉬는 시간이 많은걸요?"

"농구?"

"네. 할아버지께서 취미를 가지라고 하셔서……. 창고에서 오래된 농구공을 발견했어요. 그래서 요즘은 틈이 날 때마다 농구공을 튀기며 놀아요. 집 뒷마당에 농구대가 있거든요."

"그거 참 좋구나. 건강도 좋아질 테고 말이야."

할아버지는 웃음을 지으며 계단에 앉았다.

"그래, 내가 가족에 대해 이야기를 한 뒤 달라진 점이라도 있니?"

크리스는 고개를 끄덕였다.

"할아버지 말씀이 맞았어요. 가족이 곁에 있다는 건 정말 소중한 일이에요. 만약 가족이 없다면…… 정말 생각만 해도 끔찍해요. 그렇지만 솔직히 아직 앤디에 대해서는 좀 어려워요."

"그래? 왜?"

"얼마 전 시험에서 앤디가 성적이 좋지 않았거든요. 그래서 몇 마디 했는데, 앤디한테는 제가 하는 말이 모두 잘난 척으로 들리나 봐요. 후유, 다 자기를 생각해서 하는 말인데 잔소리로만 듣고……."

"그렇지만 앤디가 왜 그러는지는 너도 알잖아."

할아버지의 말에 크리스는 조용히 고개를 끄덕였다.

"오늘도 앨리스 할머니 이야기인가요?"

크리스는 할아버지 쪽으로 고개를 돌리며 물었다.

"아니, 오늘은 다시 매튜 선생님의 이야기란다."

할아버지는 여느 때처럼 가슴팍에서 오렌지색 수첩을 꺼냈다. 크리스도 가방에서 수첩을 꺼내 들었다.

할아버지는 잠깐 생각하다가 말을 꺼냈다.

"지난번에도 이야기했지만 나는 밤낮으로 하키 연습에 몰두하는, 정말 열성적인 선수였단다. 그러다 제법 규모가 큰 대회에 나갈 기회가 생겼어. 그러니 어땠겠니? 나는 잠을 자는 것도 잊을 만큼 열심히, 정말 열심히 연습했어. 그러다 대회 날이 되었지. 나는 파이팅을 외치고 링크로 들어섰단다. 그런데 그만……."

할아버지는 잠깐 쉬고는 말을 이었다.

"한 친구가 자책골을 연이어 두 개나 넣은 거야."

"아유, 어쩌다 그랬어요?"

"그 친구도 나만큼이나 열심히 연습하는 아이였어. 그런데 그 전날 너무 무리하게 연습하는 바람에 막상 대회 날에는 많이 지쳐 있었지."

"저런……."

"사실 자책골 두 개가 문제가 아니었어. 그 정도는 회복할 수도 있었는데, 진짜 문제는 그 자책골 때문에 팀의 사기가 뚝 떨어졌다는 거야. 결국 그날 우리는 대회에서 아주 형편없는 성적을 거두고 말았지."

"많이 실망하셨겠어요."

"그럼, 많이 실망했지. 나는 그 친구를 볼 때마다 그동안 내가 연습해서 이루어 놓은 것을 모두 물거품으로 만들었다는 생각 때문에 견딜 수가 없었어. 그래서 연습을 할 때마다 그 친구를 무시하고 비난했단다."

"아마 저라도 그랬을 거예요."

"게다가 가족이나 또 다른 친구들에게도 늘 투덜거리기만 했지. 그 녀석만 아니었으면, 그런 어이없는 실수만 하지 않았으면 우리 팀은 정말 좋은 성적을 거두었을 거라고 말이야."

크리스가 고개를 끄덕였다.

"저도 그랬어요. 친구들과 합동 과제를 하다 보면 꼭 자기가 맡은 걸 제대로 못해 오는 아이들이 있거든요. 그럼 그 아이 앞에서 일부러 들으라고 투덜거리고, 알렉스에게 그 아이의 험담을 하기도 했어요."

할아버지는 크리스의 말에 고개를 끄덕이고는 다시 말을 이었다.

"그러던 어느 날, 연습을 하다가 다치고 말았단다. 날아온 퍽이 내 헬멧을 정통으로 때리는 바람에 턱에 멍이 들었거든."

"아유, 아팠겠다."

"아픈 것도 문제였지만 헬멧을 쓸 수 없게 되었어. 턱 끈을 조이질 못했으니까……."

"그럼 어떡해요?"

"뭐 방법이 있니? 쉬어야지."

할아버지는 어깨를 으쓱해 보인 뒤 말을 이었다.

"한 이틀 그렇게 집에서 쉬었나? 매튜 선생님이 꽃바구니를 들고 집으로 찾아오셨더구나. 그 꽃바구니 안에 쪽지가 하나 꽂혀 있었어."

"쪽지요?"

할아버지가 고개를 끄덕이며 말했다.

"나중에 선생님이 가시고 난 뒤 쪽지를 펼쳐 보니 이렇게 쓰여 있더구나. '투덜대지 말고 기도를 해 보렴.' 이라고 말이야."

크리스가 고개를 갸웃거렸다.

"크리스, 종교가 있냐고 물어봐도 될까?"

"종교요? 지금은 없는 거나 마찬가지예요."

"그게 무슨 뜻이냐?"

"어릴 때는 가족들과 함께 교회에 다녔어요. 그렇지만 일요일 하루를 통째로 교회에서 보내기엔 시간이 아깝다는 생각이 들어서……."

"음, 지금은 교회에 다니지 않는다는 뜻이구나. 그럼 기도는? 기도를 꼭 교회에서만 해야 하는 건 아니잖니?"

"그렇긴 하지만…… 따로 기도를 해 본 적은 없어요. 기도하는 방법도 모두 잊었고요."

할아버지는 창 쪽으로 고개를 돌리며 말했다.

"기도에 특별한 방법이라는 게 있겠니? 그저 마음속으로 하느님과 이야기를 나눈다고 생각하면 되지."

크리스는 곰곰이 생각하다가 고개를 저었다.

"하지만 기도를 해야겠다는 생각이 든 적이 없어요."

"넌 앞으로 공부를 하다가 지칠 때도 있고, 가족이나 친구들 사이에서 문제가 생겨 힘들 때도 있을 거야. 그럴 때 기도를 해 보렴. 네 마음을 다시 한 번 들여다볼 수 있을 테니까. 사실은 나도 너와 비슷했어. 일요일에도 하키 연습을 하겠다고 교회에 가는 걸 빼먹기도 했거든. 그런데 매튜 선생님의 쪽지를 받은 뒤, 너처럼 아주 오랜만에 기도를 해 보았지."

"어떻게 기도를 하셨어요?"

"처음에는 시합 결과 때문에 마음이 상해서 왜 나한테 이런 아픔을 주셨는지 원망도 했지. 그렇지만 기도를 계속하게 되면서 한 경기, 한 경기에 최선을 다하고 그 결과에 따를 수 있는 사람이 되게 해 달라고 기도하게 되더구나. 결국 기도를 통해 승부욕에 눈이 어두웠던 내 모습을 알아냈고, 나중에는 그 친구에게 내가 얼마나 큰 상처를 주었는지도 돌아보게 되었단다."

할아버지는 고개를 돌려 크리스의 얼굴을 한 번 본 뒤 말을 이었다.

"그렇게 기도를 시작하고 난 뒤부터는 투덜거리고 불평하는 일이 많이 줄었어. 그건 곧 내 마음이 전보다 훨씬 따뜻해졌다는 뜻이기도 하지."

크리스는 무겁게 고개를 끄덕였다. 그러고는 이내 고개를 들어 말했다.

"그럼 저는 어떤 기도를 해야 할까요?"

"하하하, 글쎄다. 지금처럼 해야 할 공부가 많아 머리가 지끈지끈할 때는 새로운 마음으로 공부에 집중할 수 있는 힘을 달라고 기도해 보는 건 어떻겠니?"

"정말 그래야겠어요. 정말 머릿속이 터져 나갈 듯 복잡했거든요."

크리스는 얼굴을 찌푸리며 말했다.

"그럼 지금 당장 해 보렴."

할아버지는 크리스의 손을 모아 쥐었다. 크리스는 눈을 감고 조용히 기도를 해 보았다.

잠시 뒤 눈을 뜬 크리스에게 할아버지가 물었다.

"어때?"

크리스는 빙긋 웃으며 대답했다.

"기도를 통해 공부를 잘하게 될지는 아직 잘 모르겠지만, 한결 마음이 편안해진 건 맞아요."

"그렇다니 다행이구나. 신은 언제나 우리의 기도에 귀를 기울여 주신단다. 그러니 언제 어디서든 힘든 일이 있을 때면 손을 모으고 기도해 보렴."

크리스는 웃으며 고개를 끄덕였다.

"자, 이제 나는 또 일을 해야지."

할아버지는 자리에서 일어나 계단을 닦기 시작했다.

크리스는 계단 한쪽에 내려놓았던 수첩을 들고 할아버지의 말투를 떠올리며 이렇게 적었다.

세 번째 지혜 : 투덜대지 말고 기도를 해 보렴

세 번째 지혜
투덜대지 말고 기도를 해 보렴

집이나 학교에서 내 뜻과 달라서 불만스러운 일이 생기거나, 투덜대며 불평을 할 때도 있을 거예요. 그럴 땐 두 손을 모으고 기도를 해 보세요. 지금 내 앞에 놓인 어려운 일을 잘 이겨 낼 수 있게 해 달라고요.

기도란 꼭 특정한 신을 향한 것만은 아니랍니다. 때로는 내 마음속에 숨어 있는 또 다른 나를 향해, 또는 나를 힘들게 하는 누군가를 생각하며 기도를 할 수도 있거든요.

눈을 감고 기도를 하다 보면 어느새 마음이 차분해지고 새로운 힘이 솟아날 거예요.

과학경시대회

그날 수업을 마치고 집으로 돌아온 크리스는 한동안 책을 펴지 않았다. 그 대신 새로운 마음으로 공부에 집중하기 위해 이런저런 생각들로 머리를 식혔다.

그때였다.

"크리스, 뭐 하니?"

아빠였다.

"아빠……."

크리스는 놀라서 아무 말도 하지 못했다.

"왜? 너무 일찍 와서 놀랐어? 그런 얼굴 하지 말고 어서 나와 봐."

크리스는 어안이 벙벙한 채 아빠를 따라 거실로 나왔다. 거실에는 반짝반짝 윤이 나는 새 농구공이 놓여 있었다.

"어때, 좋아 보이니?"

"새 농구공이 필요한 건 아니었는데……."

"이 공은 아빠가 필요해서 산 거야. 자, 그럼 경기 한판 해 봐야지."

아빠는 크리스와 앤디의 등을 떠밀며 현관 밖으로 나섰다. 그리고 공원에 있는 농구대로 갔다.

"오랜만에 이곳에 와 보는구나. 아마 그때 나와 농구를 했던 아이들은 이미 어른이 되었겠지?"

아빠는 농구대 주변에 주저앉아 있는 아이들을 한 번 빙 둘러보았다.

"그땐 너희들이 크면 꼭 여기 와서 같이 농구를 해야겠다고 생각했는데, 생각보다 좀 늦었네."

아빠는 따가운 햇볕에 눈을 찡그리며 크리스에게 공을 던졌다. 엉겁결에 공을 받아 든 크리스는 아빠의 얼굴을 뚫어져라 쳐다보았다.

"뭐 하니? 공을 받아 들었으면 슛을 넣어 봐야지."

크리스는 어정쩡한 자세로 림 쪽으로 공을 던졌다. 그렇지만 공은 림 근처에도 가지 못하고 툭 떨어졌다.

"에이, 형……. 시시해."

앤디가 실망스럽다는 듯 얼굴을 찡그렸다.

"자, 잘 봐라."

아빠는 굴러 가는 공을 잡더니 림 쪽으로 힘껏 던졌다. 공은 림을 한 바퀴 뱅글 돌더니 이내 그 속으로 미끄러져 들어갔다.

"우아, 들어갔다!"

앤디가 폴짝폴짝 뛰며 박수를 쳤다. 구경하고 있던 아이들도 환호성을 올리며 박수를 쳤다.

"아빠, 어떻게 한 거예요? 저도 한번 넣어 볼게요."

신이 나서 얼굴이 발갛게 달아오른 앤디가 공을 던졌다. 그렇지만 공은 어이없게 앤디의 등 뒤로 날아가 버렸다.

"크리스, 앤디, 한 번에 골을 넣겠다는 건 욕심이야. 공이 손에 들어오는 느낌과 내 손에서 날아가는 느낌을 알아야 넣을 수 있지. 그러려면 아주 오랫동안 꾸준히 연습을 해 봐야 한단다."

아빠는 예전처럼 공을 손가락 위에 올려놓고 빙글빙글 돌리며 말했다. 그리고 곧바로 공을 바닥에 튀기기 시작했다.

"자, 너희 둘이 아빠 공을 빼앗아 봐. 빼앗으면 오늘 용돈 준다."

크리스와 앤디는 얼른 달려들어 아빠의 공을 빼앗으려고 안간힘을 썼다. 그렇지만 10분도 되지 않아 둘 다 포기하고 자리에 주저앉았다.

"어유, 이 녀석들……. 용돈을 준다고 해도 그렇게밖에 못하는 거야? 아무래도 안 되겠네. 앞으로는 자주 나와서 연습 좀 시켜 줘야지."

"우아, 정말이에요? 너무 신 난다!"

앤디는 만세를 부르며 공원 바닥에 벌렁 누워 버렸다. 곧이어 크리스도, 아빠도 모두 팔을 벌리고 드러누웠다.

'아, 하늘이 정말 파랗다.'

그러고 보니 크리스는 요즘 들어 일부러 고개를 들고 하늘을 볼 생각을 하지 못했던 것 같았다. 바라만 보아도 이렇게 기분이 좋아지는데…….

잠깐 동안 쉬고 나서 크리스와 아빠, 앤디는 또다시 공 빼앗기 시합을 했다. 물론 아빠의 공은 아무도 빼앗지 못했지만, 한바탕 땀을 흘리고 나니 가슴속까지 시원해지는 듯했다.

중간고사가 끝나자 아이들은 현장 학습이다, 견학이다 해서 무척 들떠 있었다. 그러는 중에 시간은 훌쩍 지나 월요일이 되었다.

수업이 끝난 뒤 크리스는 알렉스와 함께 과학 서클 모임에 참석했다. 그런데 휴게실 문을 열고 들어가니 피터 선생님이 다른 아이들과 함께 테이블에 앉아 있었다.

"어? 선생님! 오늘은 일찍 오셨네요? 헤헤……."

알렉스는 머리를 긁적이며 선생님을 쳐다보았다. 환하게 웃는 알렉스와 달리 선생님의 얼굴은 굳어 있었다.

선생님은 알렉스 대신 크리스를 보며 말했다.

"크리스, 우리 서클에서 왜 경시 대회에 접수한 사람이 너밖에 없니? 다른 아이들에게 말하지 않았어?"

선생님의 말을 들은 크리스는 얼굴이 하얗게 질렸다. 사실, 일부러 말을 하지 않은 것은 아니었다. 다만 그 말을 꺼내기가 조금 어색했고, 중간고사와 견학 때문에 알렉스에게 말을 전한다는 걸 깜박 잊고 말았다.

"저, 그게 중간고사 때문에 바빠서……."

크리스는 기어 들어가는 목소리로 우물우물 말했다.

"후유, 내가 직접 이야기했어야 하는데……."

선생님은 난감한 표정으로 중얼거렸다.

"선생님, 그런 게 어디 있어요? 1년 동안 기다려 왔는데, 크리스 말고는 아무도 시험 칠 자격조차 없다는 거예요?"

카일이 어두운 얼굴로 선생님에게 물었다.

선생님은 한숨을 내쉬며 바닥을 내려다보았다.

"야, 크리스, 너 진짜 알고도 말 안 한 거 맞아?"

찰리가 크리스를 향해 매서운 눈빛으로 물었다.

"설마…… 크리스, 아니지? 알고도 그런 건 아니지?"

알렉스가 크리스를 쳐다보며 당황스러운 듯 물었.

크리스는 눈앞이 하얘졌다.

"일부러 그런 거 맞네. 나쁜 놈……."

찰리가 크리스를 노려보았다. 다른 아이들의 눈길도 한

꺼번에 크리스에게 쏠렸다.

"우린 그런 줄도 모르고 학교에서 원서를 교부하기만 기다리고 있었잖아. 참 어이가 없네."

"자, 다들 진정해라. 아무래도 이번 일은 내가 잘못한 것 같구나. 내가 다시 한 번 알아볼 테니까 좀 기다려 봐. 그리고 미리 이야기하지 못한 건 내가 미안하다."

피터 선생님은 여전히 무거운 얼굴로 말한 뒤 수업을 시작했다. 하지만 수업 시간 내내 교실에는 묘한 기류가 감돌았다. 크리스도 과학 수업이 머릿속에 하나도 들어오지 않았다.

'알렉스한테 이야기해서 전해 달라고 했어야 했는데……. 이 일을 어쩌면 좋지?'

크리스는 수업 내내 한숨만 푹푹 쉬었다.

다음 날 예정대로 과학 경시 대회가 열렸다. 피터 선생님이 알아본다고는 했지만, 결국 과학 서클에서 경시 대회에 참가한 사람은 크리스뿐이었다. 크리스는 전날 저녁 내내 찜찜하고 불편한 마음으로 공부를 했다.

크리스는 과학 책과 참고서 그리고 스스로 뽑아 놓은 예상 문제를 가지고 시험장으로 갔다. 정말 기대하던 시험이었는데, 발걸음은 무겁기만 했다.

크리스는 시험이 치러지는 교실로 들어섰다. 교실 안에 있던 아이들이 문을 열고 들어서는 크리스의 얼굴을 한꺼번에 쳐다보았다. 그 가운데에는 크리스와 같은 학교에 다니는 윗학년 형과 누나들도 몇 명 섞여 있었다.

크리스는 애써 당당한 걸음으로 수험 번호가 적힌 책상에 앉았다. 그렇지만 시험을 치르고 학교로 돌아가 아이들을 만날 생각을 하니 눈앞이 깜깜했다.

크리스는 처음 보는 아이들 틈에서 필기시험과 실험까지 모두 치른 뒤 보고서를 내고 시험장을 나섰다.

'아, 이대로 땅속으로 푹 꺼졌으면 좋겠다.'

크리스는 무거운 걸음을 터벅터벅 옮기며 학교로 갔다.

"쟤 뭐냐?"

교실 문을 열고 들어서자마자 찰리의 목소리가 들렸다. 크리스는 얼굴을 들지 못한 채 힘없이 의자에 앉았다.

알렉스도 크리스에게 인사조차 건네지 않았다. 정말이지

하루가 너무 길었다.

"너, 이리 좀 와 봐."

수업이 끝나자 알렉스는 크리스를 다짜고짜 끌고 가더니 과학실로 밀어 넣었다. 과학실에는 과학 서클 아이들이 이미 자리를 잡고 있었다.

"그래, 너 혼자 가서 시험 잘 치고 왔냐? 나 참 어이가 없어……."

찰리가 크리스를 무섭게 쏘아보며 말했다.

"난 네가 말도 잘 안 하고 친구들과 잘 어울리지 못해도 이렇게 나쁜 아이인 줄은 몰랐어. 어떻게 이럴 수 있냐? 정말 실망이다."

이번에는 카일이 기운 없는 목소리로 말했다.

평소 자신을 직접 비난한 적이 없었던 카일까지 나서자 크리스의 마음은 더욱 무거워졌다.

"뭐라고 말 좀 해 봐. 너 때문에 우리 모두 엉망이 되었단 말이야. 정말 대회에 나가서 혼자만 상 받으려고 그랬어?"

리안도 얼굴을 붉히며 소리쳤다.

"그런 건 아닌데……."

크리스는 기어 들어가는 목소리로 겨우 입을 열었다.

그때 찰리가 의자를 걷어차며 소리쳤다.

"그런 게 아니면 뭔데? 그런 게 아니면 뭐냐고? 할 말 있으면 얼른 해 봐! 치사한 자식……."

아이들이 찰리와 크리스를 번갈아 쳐다보았다. 갑자기 크리스의 마음속에서 무언가가 울컥 치밀어 올랐다.

"그렇게 함부로 말하지 마."

크리스는 입술을 꾹 깨물며 말했다.

"그래, 그렇게 공부 열심히 해서 혼자 잘 먹고 잘 살아라. 그 못돼먹은 성질로 얼마나 성공하나 두고 보자. 에잇!"

"성적만 좋으면 뭐 하냐? 인간성이 저 모양인데……."

"너 같은 아이는 이 세상에서 없어져야 해. 정말이지 재수 없어!"

알렉스를 빼고는 모두 한마디씩 크리스에게 정신없이 내뱉었다. 루시는 손까지 벌벌 떨며 분해서 어쩔 줄 몰라했다.

"크리스, 넌 인터넷으로 참가 신청을 해야 한다는 사실을 알았는데도 일부러 말을 안 했으니까 정말 잘못한 거야. 그러니까 우리들한테 사과해야 되지 않겠니?"

알렉스가 애써 침착한 목소리로 말했다.

크리스의 머릿속이 엉망진창으로 엉켜 가기 시작했다. 분명히 잘못했는데, 순순히 잘못을 인정하고 사과할 마음이 생기지 않았다. 그도 그럴 것이 크리스는 지금껏 사과를 해 본 적이 없었다.

"왜 아무 말 안 해? 얼른 사과해!"

루시가 악을 쓰듯 소리쳤다.

그런데 그때 크리스의 입에서 엉뚱한 말이 튀어나오고 말았다.

"내가 뭘 잘못했다고 사과해? 너희들은 경시 대회 준비한다면서 인터넷도 안 찾아보고 뭐 했어? 포스터에 인터넷으로 접수하라고 다 쓰여 있었어. 너희들이 잘 못 보고 못한 걸 왜 나더러 사과하라고 하는데?"

흥분한 아이들과는 상관없다는 듯한 크리스의 목소리에 아이들은 할 말을 잃은 채 멍하니 서 있었다.

'내가 왜 말을 이렇게 했지? 어유, 아무래도 바보가 된 것 같아. 이게 뭐야?'

크리스는 이상하게도 마음과는 완전히 반대로 행동하고

있었다.

"크리스, 너 그런 아이였니?"

알렉스였다. 그 순간 크리스의 가슴이 쿵 하고 내려앉는 듯했다.

"에잇, 과학 서클이고 뭐고 다 관둬! 다 같이 정보도 나누고 공부도 하자고 시작한 건데, 이게 뭐냐? 이상한 애 하나 들어오더니 엉망진창이 되었잖아!"

카일이 옆에 있던 책을 집어던지며 소리쳤다.

"야, 이런 얘기 더 해서 뭐 하냐? 어차피 시험은 끝났는데……. 그리고 우리 모임 당분간 하지 말자. 이런 기분으로 모여 봐야 공부할 수 있겠냐?"

알렉스가 힘없는 목소리로 말했다.

"나도 안 할 거야."

"나도."

아이들이 너도나도 의자에서 일어서며 말했다. 그러고는 크리스만 남겨 두고 모두 나가 버렸다.

과학실 문이 닫히자 크리스는 그만 의자에 주저앉고 말았다. 온몸의 기운이 다 빠져나가는 것 같았다.

오톨이

　며칠이 지나 수요일이 되었다. 크리스는 여전히 새벽 이른 시간 계단참으로 갔다. 그렇지만 크리스의 손에는 책이 들려 있지 않았다.
　"아니, 크리스. 오늘은 공부 안 하니?"
　여느 때와 마찬가지로 노래를 부르며 계단을 올라오던 할아버지는 오렌지색 수첩만 덜렁 들고 앉아 있는 크리스를 보며 놀란 눈으로 물었다.
　"오늘은 안 해요. 후유……."
　크리스는 바닥을 내려다보며 한숨을 쉬었다.

"아니, 무슨 일이라도 있니? 왜 아침부터 계단이 꺼져라 한숨을 쉬고 있어?"

크리스는 한참 동안 망설이다가 할아버지에게 경시 대회 이야기와 과학 서클이 해체될 위기에 놓인 이야기를 전해 주었다. 이야기를 곰곰이 듣던 할아버지는 겉옷 주머니에서 예쁘게 포장된 상자 하나를 꺼냈다.

"이게 뭐예요?"

"선물!"

"무슨 선물이오?"

"마음이 지친 어린 친구에게 주는 할아버지의 선물이지."

크리스는 상자를 열어 보았다. 그 안에는 오래되었지만 깨끗한 오카리나가 들어 있었다.

"할아버지, 혹시 이건 예전에 코치님께서……."

할아버지는 고개를 끄덕였다.

"이건 너무 귀한 거잖아요. 제가 가질 물건이 아닌 것 같아요."

크리스는 상자를 다시 할아버지에게 건넸다.

할아버지는 상자를 들고 있는 크리스의 손을 꼭 잡으며

말했다.

"네 거야. 나보다는 너한테 더 필요한 물건인 것 같아서 선물하기로 했단다. 그리고 나중에, 아주 나중에라도 이걸 보면서 이 할아비를 생각해 줬으면 해서 말이야. 받아 주지 않으면 내가 가슴이 많이 아플 것 같은데?"

크리스는 잠시 망설이다 손을 내밀며 말했다.

"그럼 감사히 받을게요."

"아 참, 대신 한밤중에는 불지 말거라. 무서운 유령들이 몰려올지도 모르니까."

할아버지는 늘 그렇듯 넉넉하게 웃으며 주머니에서 오렌지색 수첩을 꺼냈다.

"오늘 내용은 지금 너에게 꼭 필요한 이야기 같구나."

"할아버지 말씀은 언제나 좋았어요."

"그래? 그렇다면 고맙지."

할아버지는 눈을 한 번 찡긋해 보이며 수첩을 열었다.

"이번에도 코치님의 이야기란다. 내가 아주 욕심 많은 선수였다는 이야기는 이미 했지?"

"네."

"나는 하키를 누구보다 잘하고 싶었기에 장비도 좋은 것으로 갖추고 싶은 욕심이 있었어. 그래서 며칠 동안 부모님을 졸라서 좋은 스틱을 갖게 되었단다. 단체로 산 스틱에 비해 가볍고 멋진 스틱을 갖고 나서 얼마나 기분이 좋았는지 몰라."

크리스는 계단을 내려다보며 고개를 끄덕였다.

"그런데 문제는 그 다음이었어. 내 스틱을 본 아이들이 너도나도 부모님을 졸라 대기 시작했거든."

"그래서 다들 그 스틱을 샀나요?"

할아버지는 고개를 절레절레 저었다.

"아이들 가운데에는 집안 형편이 좋은 아이도 있었지만 그렇지 못한 아이들도 많았거든. 하루는 매튜 선생님께서 나한테 단체로 산 스틱을 계속 쓰는 게 어떻겠냐고 물어보시더구나."

"그래서 어떻게 하셨어요?"

"싫다고 했어. 사실 그 스틱은 쓰기에 좋기도 했지만, 그걸 갖고 다니면서 자랑하는 게 더 좋았거든. 도저히 포기할 수 없더라고."

크리스는 씁쓸하게 웃었다.

"그러는 중에 몇몇 아이들은 부모님 조르기에 성공해서 나와 같은 스틱을 가질 수 있었어. 그러다 보니 하키 팀이 자연스레 두 편으로 나뉘었단다."

"두 편으로요?"

"응. 많은 수의 단체 스틱파와 적은 수의 좋은 스틱파!"

크리스는 빙긋 웃었다.

"웃을 일이 아니야. 그 다음부터 문제가 점점 커졌거든. 적은 수의 좋은 스틱파 아이들은 어느새 단체 스틱파를 무시하기 시작했어. 그리고 그들 위에 군림하려 했지."

"저런……."

"자, 여기서 퀴즈 하나 낼까?"

"퀴즈요?"

"하키 팀은 어떻게 되었을까?"

크리스는 할아버지의 얼굴을 보며 말했다.

"엉망이 되었을 것 같은데요?"

"정답! 심지어 단체 스틱파 아이들 가운데 실력이 좋았던 몇 명은 아예 연습에 참가하지 않게 되었어."

"실력은 뛰어난데 스틱 때문에 무시당한다면 그럴 만도 하지요."

"그 뒤 나는 내 스틱을 우리 집 창고에 고이 모셔 두었단다. 가끔 혼자 연습할 때 써 보기는 했지만, 단체 연습이나 경기에서는 단체 스틱만 썼어."

"그래서 팀워크는 다시 좋아졌나요?"

"오랫동안 노력했지만 다시 예전의 팀워크를 회복할 수는 없었어. 이미 믿음에 금이 깊이 갔거든. 한번 금이 간 물건은 제아무리 강력한 접착제로 붙인다고 해도 그 흉터가 남아 있게 마련이란다. 믿음도 그와 다르지 않아."

크리스는 고개를 끄덕였다.

"이 사건을 통해 얻은 지혜는 내가 살아온 모든 시간에 큰 영향을 미쳤어. 그 뒤로 나는 '모두가 나누지 못하고 혼자만 갖고 있는 것이라면 그것이 아무리 좋은 것이라도 결국 손해다.'라는 생각을 하게 되었어. 그래서 공부를 할 때도 친구들과 정보를 함께 나누면서 서로의 발전을 위한 경쟁을 할 수 있었지. 그리고 내가 경영했던 회사도 많은 사람들의 좋은 의견을 바탕으로 성장했어. 그리고 가족, 이

웃과도 서로에게 필요한 정보를 주고받으면서 내 인생은 훨씬 풍요로워질 수 있었단다. 만약 그때 내 욕심만 생각하고 정보를 혼자만 갖고 있었다면 좋은 친구들을 잃었을 게 분명하거든."

갑자기 크리스의 가슴이 체한 듯 답답해졌다.

"내가 지금 너에게 나의 지혜를 전하는 것도 물론 같은 뜻이야."

할아버지가 싱긋 웃어 보였지만 크리스의 마음은 쉽게 풀리지 않았다.

"할아버지……."

크리스는 기운 없는 목소리로 말문을 열었다.

"이미 깨진 믿음은 되돌리기가 많이 힘든가요?"

"음, 그래. 네가 그 질문을 할 줄 알았다. 크리스, 내가 좀 더 일찍 이 이야기를 전할 걸 그랬구나."

할아버지는 심호흡을 한 번 하고는 말을 이었다.

"크리스, 물론 한번 깨진 믿음을 되돌리기는 쉽지 않아. 그렇지만 이제 네가 좀 변해 보는 건 어떻겠니? 내가 스틱을 포기했던 것처럼 너도 마음속의 뭔가를 친구들과 나누는 것 말이야. 지금부터라도 네가 알고 있는 것과 네가 배운 것을 친구들과 나누어 보렴. 친구들에게 알려 준다고 해도 네 실력이 그만큼 줄어드는 것은 아니야. 오히려 친구들에게 공부 방법을 알려 주면서 너 스스로도 한 번 더 살펴보니까 도움이 될 수 있지. 그렇게 네가 변한 모습을 보인다면 친구들도 조금은 달라질 것 같은데, 어때?"

크리스는 힘겹게 고개를 끄덕였다.

"힘내. 모두 잘 될 거야, 그렇지?"

할아버지는 크리스의 어깨를 토닥여 주었다.

"자, 그럼 이제 우리 각자의 일을 해야지?"

할아버지는 엉덩이를 탈탈 털며 자리에서 일어섰다. 크리스는 수첩을 꺼내 이렇게 적었다.

네 번째 지혜 : 배운 것을 친구들과 나누렴

할아버지는 힘차게 노래를 부르며 계단을 닦기 시작했다. 하지만 크리스의 머릿속은 여전히 복잡하기만 했다.

'과연 이 지혜가 나에게 도움을 줄 수 있을까? 사과조차

하지 못하는 바보인데, 내가 배운 것을 친구들과 나누면서 함께할 수 있을까?'

크리스는 길게 한숨을 내쉰 뒤 계단을 터벅터벅 내려와 교실로 갔다. 교실 문을 열고 들어서는데 아이들이 모두 크리스를 노려보는 시선이 느껴졌다. 말이 많던 찰리까지 입을 다물고 앉아 있었지만, 크리스는 찰리가 쏘아붙일 때보다 더 마음이 불편했다.

크리스는 천천히 자기 자리로 가서 앉았다.

"짜증 나. 진짜 못됐어."

"경시대회 참가한 선배들 말 들어 보니 시험도 아주 침착하게 잘 보더래. 뭐 저런 애가 다 있냐?"

아이들이 크리스의 등 뒤에서 중얼거리듯 한마디씩 던졌다. 다른 때 같으면 알렉스가 다가와 크리스를 다독여 주었을 테지만 이번에는 아예 말도 걸지 않았다.

'후유…… 알렉스…….'

크리스는 그제야 알렉스가 그동안 자신에게 얼마나 큰 도움을 주었는지 알 것 같았다. 크리스는 너무 외롭고 힘들었다.

네 번째 지혜   배운 것을 친구들과 나누렴

　힘들게 노력해서 나만의 공부 비법을 찾아냈을 때, 또는 우연히 좋은 정보를 알아냈을 때, 여러분은 어떻게 하나요? 아마도 마음속 비밀 상자에 꼭꼭 담아두고 싶겠지요?

　하지만 내가 알고 있는 것을 아무리 친구들에게 나누어 주어도 그 지식의 주인은 '나'라는 것을 잊지 마세요. 또한 그 지식을 알아내기 위해 발휘한 인내심이나 집중력은 결코 친구들과 나눌 수 없는 부분이랍니다.

　배운 것을 친구들과 나누는 것을 망설이지 마세요. 아무리 나누어도 나에게 돌아오는 것이 더 많을 테니까요.

난 달라질 거야

또다시 수요일이 되었다. 크리스는 헐레벌떡 계단참으로 갔다. 급하게 계단을 뛰어 올라가 보니 할아버지는 이미 계단에 앉아 크리스를 기다리고 있었다.

"오늘은 늦었구나."

"헉헉, 죄송해요. 늦잠을 잤어요."

할아버지가 시계를 보았다.

"이 정도면 늦잠은 아니지. 어서 좀 앉아라. 힘들어 보이는구나."

크리스는 얼른 할아버지 옆에 앉아 숨을 가다듬었다.

"그래, 과학 서클은 어떻게 됐니?"

"과학 서클이오? 그건……."

크리스는 똑 부러지게 말하지 못하고 우물거렸다.

"그래. 여유를 갖고 천천히 생각해 보는 것도 좋지."

할아버지는 크리스의 어깨를 다독여 주었다.

"오늘 전해 주실 지혜는 뭐예요?"

"오늘은…… 사실 내가 내용을 바꾸었단다."

"네?"

"원래 내가 정리해 둔 여섯 가지 지혜에서 다섯 번째는 특별히 너를 위한 걸로 바꾸었지."

"정말 궁금한데요?"

크리스는 기대에 찬 눈빛으로 할아버지를 쳐다보았다.

"크리스, 어릴 적에 나는 미래가 막연하게만 느껴졌단다. 그런데 이만큼 살고 보니까 시간은 그냥 흐르지 않는다는 것을 알게 되었단다."

"좀 어려워요."

"하하, 그럴 수밖에……. 넌 아직 열두 살의 어린아이니까 말이야."

크리스는 고개를 갸우뚱거리며 할아버지의 얼굴을 쳐다보았다.

"크리스, 지금 네 모습은 너의 과거가 모여서 만들어졌으리라고 생각해. 너는 옛날에 어떤 아이였니?"

크리스는 한참 동안 생각한 뒤 어렵게 말문을 열었다.

"아시잖아요? 그냥 하루하루 열심히 공부하고……."

"자, 그렇게 해서 이루어진 지금의 모습은 어떻지?"

크리스는 잠시 동안 침묵을 지키다가 얼굴을 붉히며 말했다.

"저, 할아버지……. 제가 지금 어떤 상황인 줄 아시잖아요. 그걸 꼭 제 입으로 말해야 해요?"

할아버지는 전과 다르게 무거운 목소리로 말했다.

"크리스, 너는 똑똑한 아이니까 네 상황을 누구보다 잘 알겠지. 네 말대로 너는 지난 시간 동안 공부를 열심히 하며 현재를 준비했어. 그런데도 현재의 상황이 만족스럽지 않다면 그걸 고쳐 가면서 미래를 만들어야 하지 않겠니?"

"저도 그러고 싶어요. 아니, 꼭 그럴 거예요. 어떻게 해야 하는지 방법은 아직도 잘 모르겠지만요."

크리스는 고개를 숙이며 힘없이 말했다.

"크리스, 난 말이지, 나 때문에 엉망이 되었던 하키 팀을 다시 예전 모습으로 돌리기 위해 선수들을 한 명, 한 명 모두 만나서 사과했단다. 그렇다고 해서 아이들이 모두 내 말을 잘 듣거나 동의해 주지는 않았어. 비난도 많이 받았지. 그렇지만 상대방이 그럴수록 나는 더욱 그 아이를 설득하려고 노력했단다. 진실은 통한다는 생각으로 말이지. 정말이지 그럴 땐 너무나 비참하고 속이 상했는데, 시간이 흐르니 그 일이 아주 좋은 경험이 되어 사회생활을 해 나가는 데도 큰 도움이 되었어. 어쩌면 지금까지 내 주변에 늘 좋은 사람이 끊이지 않는 것도 그때의 경험이 남겨 준 소중한 선물일지도 모르지."

"그래서 제가 어떻게 하면 좋을 것 같으세요?"

크리스는 걱정스러운 표정으로 할아버지를 바라보며 물었다.

"네가 아이들에게 진심으로 사과하고 다시 과학 서클을 일으켜 보면 어떻겠니? 알렉스와는 그전부터 사이가 좋았다고 했잖아? 다른 아이들은 몰라도 알렉스에게는 말하기

편하지 않겠니?"

크리스는 묵묵히 생각했지만 이내 고개를 저었다.

"크리스, 용기를 내지 않으면 아무것도 달라지지 않아."

할아버지가 크리스의 한쪽 손을 꼭 잡았다.

"아마 네가 과학 서클을 다시 일으키고, 친구들과 사이좋게 지낼 수 있다면 미래에 '그땐 참 힘들었지만 지혜롭게 헤쳐 나갔어.' 라고 생각하게 될 거야."

"그럴까요?"

"크리스, 계속 후회만 하면서 스스로를 미워하는 건 아주 어리석은 일이란다. 이번 기회에 네 스스로를 칭찬할 만한 일을 만들어 보는 건 어떻겠니?"

크리스는 여전히 머릿속이 복잡하기만 했다.

'과연 그럴 수 있을까? 마음이 돌아서 버린 알렉스에게 내가 먼저 말을 걸 수 있을까? 그리고 내가 먼저 과학 서클을 다시 하자고 하면 아이들이 뭐라고 할까?'

크리스는 여러 가지 생각으로 마음이 어지러웠다.

"크리스, 내가 전에 기도의 중요성에 대해 이야기한 적이 있었지?"

크리스는 고개를 끄덕였다.

"지금이야말로 너에게 기도가 필요한 때가 아닌가 하는 생각이 드는데?"

"지금은 너무 막막해요. 과연 기도를 하면 제 문제가 해결될까요?"

할아버지가 크리스의 어깨를 다독여 주었다.

"물론 기도를 한다고 너에게 닥친 문제들이 모두 깨끗이 해결되지는 않겠지. 그렇지만 기도를 하면서 지금 너에게 가장 중요한 것이 무엇인지, 지금 네가 가져야 할 마음이 어떤 것인지 한 번 더 되새길 수 있을 거야."

크리스는 할아버지의 얼굴을 올려다보았다.

"그렇다면 용기를 달라고 기도해야겠네요."

할아버지는 고개를 끄덕이며 환하게 웃었다.

"그리고 크리스, 현재는 미래를 위한 준비임을 꼭 알아두렴. 이게 내가 너를 위해 특별히 준비한 다섯 번째 지혜란다. 네가 지금 어떤 일에 시간과 열정을 쏟느냐에 따라 현재보다 훨씬 더 나은 미래를 만들 수도 있고, 반대로 그렇지 않을 수도 있단다. 네 과거가 모여서 지금의 모습을 만든 것처럼 네 현재가 모여서 미래가 될 테니까. 자, 그렇다면 더 나은 미래를 위해 무엇이 필요한지는 네 자신이 더 잘 알겠지?"

"네."

크리스는 또다시 고개를 끄덕였다.

할아버지는 오렌지색 수첩의 맨 뒷장을 뜯어서 크리스에게 건네주었다.

"그래, 다음에 만날 땐 좋은 소식을 기대하마."

할아버지가 계단에서 일어서자마자 크리스는 오렌지색 수첩에 또 하나의 지혜를 적었다.

다섯 번째 지혜 : 현재는 미래를 위한 준비란다

할아버지는 다시 계단을 닦기 시작했다. 마음이 무거워서인지 크리스 눈에 비친 할아버지의 손놀림이 예전처럼 활기차 보이지 않았다.

텅 빈 교실로 들어간 크리스는 책상에 앉아 곰곰이 생각해 보았다.

'그래, 할아버지 말씀대로 기도를 해 보자. 기도를 통해서라도 용기를 얻을 수 있다면 얼마나 좋을까?'

크리스는 자리에 앉아 두 손을 모으고 눈을 감았다. 기도를 하려는데 갑자기 머릿속에 과학 서클 아이들의 차가운 눈초리가 떠올랐다.

크리스는 더욱 손을 굳게 모으고 눈을 질끈 감았다. 알렉스에게 말을 건넬 용기를, 친구들에게 속마음을 털어놓고 용서를 구할 용기를 달라고 간절히 빌었다.

크리스는 기도를 끝내고 나서 천천히 눈을 떠 교실을 둘러보았다. 평소와 다를 것 없는 교실이 새롭게 보였다.

'그래, 한번 해 보는 거야. 오늘은 꼭 알렉스에게 말을 할 테야.'

크리스의 가슴이 벅차올랐다.

그날 수업이 끝날 무렵, 크리스는 알렉스에게 다가갔다. 알렉스가 고개를 돌리고는 크리스의 얼굴을 빤히 쳐다보았다.

"알렉스, 나 할 말 있는데……."

"급한 거야?"

알렉스는 크리스의 얼굴도 보지 않고 책을 내려다보며 말했다. 크리스의 마음 한구석이 싸하게 시려 왔다.

"급하다기보다 중요한 거야."

"후유, 알았어."

알렉스는 가방을 주섬주섬 챙기더니 자리에서 일어섰다. 크리스와 알렉스는 운동장 스탠드 한구석에 앉았다.

크리스가 먼저 말을 꺼냈다.

"알렉스, 내가 정말 큰 잘못을 한 것 같아. 그때 너희들에게 했던 말은 진심이 아니었어. 너에게도, 그리고 다른 친구들에게도 너무 미안해."

"그래서?"

알렉스가 차가운 목소리로 말했다.

"저기…… 과학 서클 말이야, 다시 하면 안 될까?"

"네가 그 모양으로 만들었잖아. 게다가 넌 처음부터 과학 서클 같은 거 별로 하고 싶어 하지도 않았고……."

"그렇긴 하지만……."

크리스는 알렉스를 쳐다보며 단호하게 말했다.

"사실 난 너희들이 나만 빼고 모임을 계속 할 줄 알았어. 이렇게 완전히 없어질 줄은 몰랐다고."

"크리스, 이건 너만의 문제가 아니야. 너 때문에 우리 모두가 얼마나 큰 상처를 받았는지 알아? 게다가 과학 서클 아이들은 이제 누구도 믿지 못하게 되었단 말이야."

"그래, 그래서 미안해. 나 하나 때문에 너무 많은 아이들이 피해를 보게 돼서……."

"나한테 미안해할 문제는 아니지."

"아이들이 모두 있는 자리에서 정식으로 사과할게. 그리고 다시 한 번 잘해 볼 수 있도록 노력할게."

알렉스는 아무 말도 하지 않고 크리스의 얼굴을 한참 동안 빤히 쳐다보았다.

"나도 이 말 하기까지 생각 많이 했어. 그동안 너에게 말하지 못했는데, 밥 할아버지를 만나면서 나도 좀 달라져야겠다고 생각했어."

"밥 할아버지?"

그때까지 냉정하게 대하던 알렉스는 크리스의 말에 흥미를 보이는 듯했다.

"수요일마다 학교 계단 청소하러 오시는 분 있잖아."

"아, 나도 가끔 뵌 적은 있는데……."

"지금은 아니지만 얼마 전까지만 해도 나는 새벽마다 3층 계단참에서 혼자 공부했어. 그러다 할아버지를 만나게 되었는데, 지난번 다리를 다쳤을 때도 그 할아버지와 함께 있었거든. 선생님은 수업을 하셔야 하고, 부모님은 집에 안 계셔서 할아버지께서 나를 병원으로, 그리고 집으로 데려다 주셨어. 그러면서 수요일 아침에 할아버지와 이야기를 나누자고 하시더라."

"그런 일이 있었는데 나한테는 한 마디도 말하지 않았던 거야?"

알렉스가 실망스러운 목소리로 말했다.

"알렉스, 정말 미안해. 사실 나도 밥 할아버지와 이렇게 가까워질 줄은 몰랐어. 그래서 너에게 굳이 이야기할 필요가 없다고 생각했어. 일부러 말을 하지 않은 건 아니었어. 정말이야."

알렉스는 묵묵히 앞을 보며 말했다.

"그래서 할아버지랑 어떤 이야기를 나누었는데?"

"나는 매주 수요일마다 밥 할아버지에게서 지혜를 하나씩 들었어. 할아버지는 나에게 좋은 취미를 가지라는 말씀도 하셨고, 가족의 소중함에 대해서도 말씀하셨어. 또 힘든 일이 있을 때 투덜대지 말고 기도를 해 보라는 말씀도 해 주셨어. 배운 것을 친구들과 나누라는 할아버지의 말씀을 듣고 났을 때 내가 지금까지 뭘 어떻게 잘못했는지 떠오르더라. 그리고 더 큰 후회를 하지 않기 위해서라도 꼭 너희들에게 사과해야겠다는 생각도 하게 됐어."

"그래? 그런데 아이들이 네 말을 진심으로 믿어 줄까?"

"글쎄, 그건 나도 잘 모르겠어. 그렇지만 최대한 진심으로 이야기할 거야."

"좋아. 사과하겠다니까 내가 아이들한테 물어볼게."

알렉스는 엉덩이를 털며 자리에서 일어섰다.

"너밖에 없다."

크리스의 말에 알렉스는 어떤 대답도 하지 않은 채 등을 돌리고 교문 쪽으로 걸어갔다. 크리스는 알렉스의 뒷모습을 보니 또다시 마음이 쓸쓸해졌지만 가슴을 쭉 펴고 심호흡을 해 보았다. 그리고 마음속에 '용기'라는 단어를 단단히 새겨 보았다.

다음 날 수업이 끝난 뒤 알렉스가 크리스에게 다가와서 말했다.

"오늘 과학실에서 모이기로 했어. 그 다음은 이제 네가 알아서 해."

"알았어."

크리스가 대답했다.

알렉스와 크리스는 심각한 표정으로 과학실 문을 열었다. 아이들이 일제히 두 사람을 쳐다보았다.

알렉스는 자리에 앉으며 크리스에게 말하라는 눈짓을 보냈다.

"다들 와 줘서 고마워."

크리스가 어렵게 말문을 열자 모여 있던 아이들이 한마

디씩 던졌다.

"왜 오라고 했어?"

"고마워? 하긴 고마워야겠지."

하나같이 싸늘하고 차가운 표정들이었다. 크리스는 갑자기 사탕 알이라도 걸린 듯 목이 콱 막혔다. 하지만 재빨리 마음을 추스르고 말을 이었다.

"저, 저기…… 너희들한테 사과하고 싶어. 경시 대회 일은 내가 잘못했어. 그렇지만…… 일부러 말을 안 한 건 아니었어. 하려고 했는데…… 너희도 알겠지만 내가 여러 아이들 앞에서 말을 잘하는 편이 아니잖아. 언제 이야기해야 할지 기회를 못 잡았어. 그러다 보니 하루 이틀 시간이 흘러서……."

"그래서 지금 뭘 어떡하자는 건데?"

찰리가 버럭 소리를 질렀다.

크리스는 찰리의 말에도 굽히지 않고 계속 말했다.

"나 때문에 모임이 엉망이 된 게 너무 미안했어. 너희들이 정 내가 보기 싫다면 나 혼자 빠질게. 내가 들어오기 전에도 너희는 너무나 훌륭한 과학 서클 구성원이었잖아. 물론 지금이라도 같이 할 수 있다면, 전과 달리 열심히 해 보고 싶어. 하지만 지금은 내가 같이 하자고 말할 처지가 아닌 것 같아서……."

"알긴 아네."

찰리가 코웃음을 치며 말했다.

"너희들한테 정말 미안해. 진심으로 사과할게."

크리스는 긴 한숨과 함께 말을 끝냈다.

아이들은 한동안 서로 아무 말이 없었다.

"크리스, 우리끼리 이야기 좀 해 볼게."

알렉스는 힘없이 고개를 숙이고 앉아 있는 크리스에게 말했다.

"알았어. 그럼 나 먼저 갈게."

크리스는 가방을 들고 과학실을 나섰다. 한편으로는 후련했고 다른 한편으로는 다시 마음이 무거워졌다.

다섯 번째 지혜 — 현재는 미래를 위한 준비란다

여러분은 누구나 멋진 미래를 꿈꾸며 살아가고 있을 거예요. 하지만 그렇게 즐겁고 멋진 미래는 어느 순간 우리 앞에 뚝 떨어지는 것이 아니랍니다. 바로 여러분이 지금 보내고 있는 오늘 하루하루가 쌓여 미래를 만드는 것이지요.

여러분은 지금 어떤 미래를 만들어 가고 있나요?

오늘 하루만큼은 여러분이 현재를 어떤 모습으로 보내고 있는지, 그리고 그 현재가 과연 어떤 미래를 만들어 낼 것인지에 대해 생각해 보는 건 어떨까요?

실마리가 풀리다

집으로 돌아온 크리스는 숙제를 하려고 책상에 앉았다. 그때였다.

"크리스, 농구하러 가지 않을래?"

아빠가 한 손에 농구공을 들고 방문을 열었다. 어차피 공부에 집중할 수 없을 것 같아서 크리스는 두말하지 않고 아빠를 따라 나섰다.

"크리스, 실력이 많이 늘었는데?"

크리스가 골을 넣자 아빠는 박수를 치며 말했다.

"에이, 저는 바이올린 연습하느라고 농구 연습을 못해서 그런 거예요."

한쪽에서 공을 빼앗긴 앤디가 입을 삐죽이며 말했다.

"후유, 좀 쉬었다 하자."

한참을 뛰었던 세 사람은 공원 벤치에 앉아 음료수를 마셨다. 앤디는 운동하느라 피곤했는지 벤치에 길게 드러누워 잠이 들고 말았다.

"크리스, 요즘 학교생활은 어떠니?"

"그냥 그래요."

"그냥 그런 게 어딨어? 좋으면 좋다, 나쁘면 나쁘다, 대답을 정확하게 해야지."

"굳이 말하자면 나쁜 편이에요."

"그래? 왜?"

크리스는 아빠에게 경시 대회며 과학 서클 그리고 밥 할아버지에 대한 이야기를 들려주었다.

"그런 일이 있었구나."

아빠는 턱에 손을 괸 채 고개를 끄덕였다. 그러고는 곧 농구공을 크리스의 품으로 던졌다.

"앗!"

깜짝 놀란 크리스는 농구공을 받아 안고 아빠의 얼굴을 쳐다보았다.

"크리스, 농구는 상대방 골대 가까이로 공이 가지 않도록 해야 이길 수 있거든. 그건 알고 있지?"

크리스는 고개를 끄덕였다.

"그런데 욕심을 부리고 혼자 슛을 넣겠다고 드리블만 하다가는 꼭 상대방 선수에게 공을 빼앗긴단 말이지. 때로는 내 앞을 막아선 상대 선수를 피해 우리 편 선수에게 패스도 해야 하는데, 3점 슛을 넣겠다고 거리도 가늠할 수 없는 먼 곳에서 공을 던지는 선수들도 있고 말이야. 그래서야 어디 이기겠니?"

"못 이기죠."

"내가 너한테 늘 다른 사람을 이기고 최고가 되라고 입버릇처럼 말했지?"

크리스는 또다시 고개를 끄덕였다.

"그런데 가만히 생각해 보니 아빠 생각이 모두 옳았던 것은 아니었어. 너에게 무거운 짐을 안겨 줘서 정말 미안하구나."

크리스는 의아한 표정으로 아빠의 얼굴을 쳐다보았다. 아빠는 먼 산을 바라보며 한참 동안 뜸을 들이다가 말을 이었다.

"그동안 나는 실력으로 모든 일에 뛰어난 결과를 만들어야 한다고 생각했단다. 최고가 아니면 살아남을 수 없기 때문에 아빠도 그런 최고가 되고 싶었어. 그렇지만 최고가 되기 위해서는 무조건 나 혼자 열심히 하고, 실력을 인정받아야만 하는 것이 아니더구나."

"그럼요?"

"다른 편을 이기려면 우리 편의 모든 사람들과 실력을 나누어야 한다는 걸 깨달았어."

"모든 사람들과요?"

아빠는 잠깐 생각하더니 멀리 공터를 내다보며 말했다.

"아빠가 요즘 왜 일찍 들어오는지 궁금하지 않았니?"

"궁금했어요."

"아빠도 회사에서 정말 능력 있는 사람으로 인정받고 싶었어. 그래서 누구보다 더 열심히 일하려고 했단다. 며칠씩 집에 들어오지 않고 피곤하게 일했던 것도 다 그런 이유

때문이었지."

아빠는 짧게 한숨을 내쉰 뒤 말을 이었다.

"그런데 어느 날 네가 찾아낸 농구공 때문에 많은 생각을 하게 되었단다. 일을 열심히 하고, 능력을 인정받고, 또 좋은 가장이 되려고 노력하는 동안 이상하게도 뭔가 잃어버린 것처럼 허전했거든. 그건 바로…… 여유였어."

크리스는 고개를 끄덕였다. 언젠가 크리스가 하늘을 보며 느꼈던 것도 바로 그것이었다.

"그 뒤로 조금 여유 있게 일을 하기로 마음먹었어. 당장의 성과에 연연하지 않고 멀리 보기로 말이야. 그리고 내가 하던 일 가운데 몇 가지를 부서 직원들에게 공개하고 함께 해결하기로 했어. 그랬더니 생각하지 못했던 결과가 나왔지."

"어떤 결과인데요?"

"나뿐만 아니라 모든 부서원들이 예전보다 더 일찍 퇴근하고 취미 생활을 즐기는데도 일의 효과가 전보다 훨씬 좋아졌어. 결국 최고가 된다는 것은 나 혼자 모든 걸 잘해서가 아니라, 나와 함께 일하는 사람들 모두가 최고가 될 수 있도록 도와줘야 한다는 사실을 깨달았지. 그리고 더 기분 좋은 일은, 여유롭게 일하면서 결과물도 아주 만족스러워서 직원들이 모두 나를 더 좋아하게 되었다는 거란다. 하하하!"

"전에는 직원들이 아빠를 별로 안 좋아했나요?"

"너라면 날마다 밤늦게까지 일하라고 회사에 잡아 두는 직장 상사가 좋겠니?"

"아유, 정말 싫죠."

"크리스, 정말 누군가를 이기고 싶다면 알맞게 패스할 줄 아는 여유도 있어야 한단다. 아마 그 여유가 지금의 네 문제를 해결해 줄 수 있을 거야."

크리스는 웃음 지으며 고개를 끄덕였다.

"아, 그렇다고 해서 너의 모든 걸 다 패스해서 넘겨주라는 말은 아니야. 알고 있지?"

"그럼요."

크리스는 아빠를 보며 환하게 웃었다.

아빠와 크리스, 앤디는 또 한 번 신 나게 농구를 한 뒤 집으로 향했다. 멀찍이서 앞서 가는 아빠의 등 뒤로 길게 그림자가 늘어져 있었다.

"형, 농구를 시작한 뒤로 아빠가 형한테 성적 이야기 한 적 있어?"

앤디의 말을 듣고 보니 정말 아빠와 성적 이야기를 나눈 지가 꽤 오래된 것 같았다.

"아니, 없었던 것 같은데?"

"그렇지? 농구를 하면서 아빠가 예전의 아빠로 돌아간 것 같지 않아?"

크리스가 고개를 끄덕였다.

"우하하하! 형이 내 말이 맞다고 해 주니까 너무 좋다!"

앤디는 자리에서 한 번 폴짝 뛰더니 아빠 쪽으로 종종거리며 달려갔다.

집으로 돌아온 크리스는 알렉스에게 전화를 걸까 말까 몇 번을 망설이다가 그만두기로 했다. 그러고는 과제를 하려고 컴퓨터를 켰다.

'새 메일이 도착했습니다.'

한참 과제를 하려고 수학 사이트를 뒤지고 있는데 신호

소리와 함께 화면 한쪽에 작은 메시지 창이 떠올랐다. 크리스는 얼른 클릭해 보았다. '크리스, 오늘 회의 결과다.'라는 제목의 알렉스가 보낸 메일이었다.

크리스는 심호흡을 한 번 하고 제목을 클릭했다.

크리스, 의견이 조금씩 다르기는 했지만 대부분 너에게 기회를 주자는 쪽으로 기울었어. 곧 모형 비행기 대회가 열리는 거 알지? 찰리가 지금 이 대회에 목숨을 걸고 있거든. 너의 과학적인 지식으로 우리 팀을 우승으로 이끌어 보자.

"후유……."

크리스는 안도의 숨을 내쉰 뒤 침대에 벌렁 드러누웠다. 눈에 천장 벽지의 자동차 그림이 들어왔다. 그렇지만 예전처럼 숫자를 세지는 않았다.

한동안 눈을 감고 누워 있는데 앤디가 문을 열었다.

"형, 엄마가 과일 먹으래. 형, 자?"

크리스는 벌떡 일어나 앤디에게 달려갔다. 그리고 앤디를 꼭 끌어안았다. 가슴이 벅차올라 이렇게라도 하지 않으

면 견딜 수 없을 것 같았다.

"형, 형, 왜 그래? 아니, 형!"

앤디는 어리둥절한 채 소리를 질러 댔지만, 크리스는 한참 동안이나 앤디를 안은 팔을 풀지 않았다.

월요일이 되었다. 크리스는 수업을 마치고 1층 휴게실로 갔다. 크리스가 나타나자 아이들은 제각각 다른 반응을 보였다. 찰리는 여전히 삐뚜름한 눈길로 크리스를 쳐다보았고, 다른 아이들은 대부분 관심이 없었다.

알렉스가 크리스와 다른 아이들을 번갈아 쳐다보며 말을 꺼냈다.

"자, 모형 비행기 대회가 한 달 남았어. 그동안 비행기를 만들고 또 시험 운행까지 해 보려면 시간이 별로 없어."

루시가 말했다.

"그럼 먼저 설계도부터 만들어야 하잖아."

"일단 일을 좀 나눠서 하자. 각자 자신 있는 일이 있을 거 아냐?"

알렉스가 아이들을 둘러보며 말했다.

그때 찰리가 나섰다.

"나는 설계도 같은 건 따분해서 싫고, 손으로 만드는 건 자신 있으니까 부품을 만들게."

"좋아. 부품은 찰리가 만들고, 그럼 설계도는 누가 맡을래? 설계도를 정말 빨리 만들어야 하는 것 알지?"

아이들은 서로 눈치만 볼 뿐 선뜻 나서지 않았다.

그때 크리스가 입을 열었다.

"설계도는 내가 만들어 볼게."

"너 혼자 하는 건 좀 힘들지 않을까? 할 수 있으면 내일까지 만들었으면 좋겠는데…… 그러려면 누가 도와줘야 하잖아."

그때 케이티가 슬며시 손을 들었다.

"그럼 내가 도와줄게."

크리스는 물론이고 다른 아이들 모두 놀란 눈으로 케이티를 쳐다보았다.

"왜들 그래? 나도 설계도에 관심 많단 말이야. 원래부터 하고 싶었어."

케이티는 쳐다보는 아이들에게 큰 소리로 말했다. 그런

케이티의 모습에 크리스는 가슴이 찡해졌다.

'나와 함께하겠다는 아이도 있구나.'

예전에는 한 번도 느껴 보지 못했던 이상한 기분이었다.

크리스와 케이티는 설계도를, 찰리와 루시는 부품을, 알렉스는 몸체를 만들고 카일과 리안이 조립을 맡기로 결정했다.

모임이 끝나고 나서 크리스는 케이티와 함께 과학실에 남아 모형 비행기에 관한 책들을 쌓아 놓고 씨름했다. 하루 만에 설계도를 만드는 것은 정말 힘든 일이었지만 케이티가 도와주니 훨씬 쉬웠다.

'아빠 말씀이 맞았어. 함께하니까 이렇게 좋은데…….'

그날 크리스와 케이티는 밤늦게까지 설계도를 만들었다.

다음 날 과학 서클 아이들이 과학실로 모였다. 크리스와 케이티는 완성된 설계도를 책상 위에 펼쳐 놓았다.

"이야, 이걸 진짜 하루 만에 다 했어?"

아이들이 설계도 주변으로 우르르 몰려들었다.

"이렇게 만들면 엄청 간단하겠다."

"그래. 이런 설계도는 처음 봐."

아이들은 크리스의 설계도를 보고 감탄했다.

"이거 다 크리스가 했어. 나는 아무것도 안 했어."

케이티가 웃으며 아이들에게 말했다.

"무슨 소리야? 네가 책에서 좋은 자료 있으면 다 찾아 줬잖아. 그러지 않았다면 하루 동안 이걸 나 혼자 어떻게 만들었겠어?"

크리스도 케이티를 향해 웃으며 말했다.

"그럼 이걸로 만들어도 되겠어? 다들 어떻게 생각해?"

알렉스는 설계도를 들여다보느라 정신없는 아이들에게 물었다.

"먼저 이걸로 만들어 보고 문제가 생기면 고치든지, 아니면 다시 만들어도 되지 않겠어? 보니까 만드는 데 시간이 오래 걸릴 것 같지 않은데."

카일이 설계도를 들어 보이며 말했다. 다른 아이들도 모두 고개를 끄덕였다. 찰리만 아무 말 하지 않고 뚫어져라 설계도를 쳐다보았다.

"찰리, 넌 어떻게 생각해?"

찰리는 한참 동안 설계도를 들여다보고 나서 싸늘하게 말했다.

"다른 아이들이 좋다고 하면 그렇게 해야지, 뭐. 대신!"

찰리는 크리스를 똑바로 쳐다보며 말했다.

"만약 이 설계도대로 했다가 우승 못하면 그땐 두고 봐."

"좋아, 그렇다면 너도 부품을 잘 만들어야 해."

찰리의 말에 처음으로 크리스가 웃으며 대답했다.

"쳇, 공부만 하는 줄 알았더니 제법이네. 걱정 마. 내가 밤을 새워서라도 완벽하게 다 만들 테니까……."

찰리도 웃음기 가득한 얼굴로 말했다.

"자, 다음에는 찰리와 루시가 만든 멋진 부품을 기대해 보자고!"

알렉스가 찰리와 크리스의 어깨를 툭 치며 말했다.

"알렉스, 농구 한 게임 할래?"

알렉스는 놀란 눈으로 크리스를 쳐다보았다.

"네가 웬 농구? 너 운동 싫어하잖아."

"이젠 아니야. 농구가 취미인걸?"

"그래? 좋아. 누가 더 잘하나 보자."

크리스와 알렉스는 각자 집에 가방을 갖다 놓은 뒤 다시 공원에서 만났다. 그리고 농구공을 주거니 받거니 하며 신나게 뛰어다녔다.

"헉헉. 제법인데?"

한참을 뛰다 지쳐 주저앉은 알렉스가 이마에 흐르는 땀을 닦으며 말했다.

"내가 얼마나 열심히 했는데. 참, 그런데 너 예전에 비밀이라고 했던 취미가 도대체 뭐야?"

"그거? 비밀인데 뭘 자꾸 알려고 하냐?"

"궁금해서……. 뭐 재미있는 거면 나도 해 보게."

"재미? 글쎄, 과연 네가 재미있어 할까?"

"자꾸 궁금하게 왜 이래? 얼른 말해 봐."

알렉스는 잠시 망설이다가 못 이기는 척 말했다.

"내 취미는…… 요리야."

"정말? 네가 요리를 할 거라고는 상상도 못했어."

크리스는 놀랍다는 표정으로 알렉스를 바라보았다.

"너는 요리 해 봤어?"

"아니! 해 볼 생각도 안 해 봤는데?"

"너 요리가 얼마나 매력 있는 일인 줄 아니? 나도 처음에는 엄마를 도와서 팬케이크 반죽이나 젓는 게 전부였는데, 엄마가 하시는 걸 가만히 보니까 엄청 재미있어 보이더라. 그래서 엄마에게 도움을 받아 미트로프도 만들어 보고, 브라우니나 스콘도 구워 봤어. 내가 어떤 재료를 넣느냐에 따라서 맛도 달라지고, 모양도 마음대로 만들어 볼 수 있어서 정말 재미있더라. 그런데 그 가운데에서도 요리의 가장 큰 매력은……."

크리스가 호기심 어린 눈으로 물었다.

"가장 큰 매력이 뭔데?"

"가족들이 내가 만든 음식을 너무나 맛있게 먹어 줄 때야. 그 모습을 보고 있으면 정말 내가 먹지 않는데도 배가 부르다니까……."

"하하하하! 넌 정말 재미있는 녀석이야."

"사실 나도 이게 여자들이나 하는 취미라고 생각해서 아무한테도 말 안 했는데, 뭐, 이미 밝혔으니 어쩌겠냐. 대신 동네방네 소문은 내지 마라. 기회가 되면 너도 한번 해 보는 것도 좋겠고……."

"알았어. 한번 생각해 보지. 대신 이번 내 생일에 케이크 좀 만들어 줘."

"그럼! 아주 멋진 케이크를 만들어 주지!"

크리스와 알렉스는 서로 얼굴을 보며 유쾌하게 웃었다. 그리고 한참 동안 농구를 하다가 헤어졌다.

지혜를 얻는 법

또다시 수요일이 되었다. 크리스는 잔뜩 부푼 마음으로 새벽 공기를 가르며 학교로 갔다.

'오늘은 할아버지께 들려 드릴 이야기가 많겠는걸! 아빠 이야기도 해 드리고, 과학 서클 이야기도 해 드리고……'

크리스는 얼른 계단참으로 올라가 오렌지색 수첩을 꺼내 놓고 할아버지를 기다렸다.

그런데 이상한 일이었다. 시간이 지나도 할아버지의 노랫소리가 들리지 않았다. 크리스는 몇 번이고 난간 아래를 내려다보았다.

잠시 뒤 노랫소리 대신 저벅이는 발소리와 계단을 닦는 소리가 들려왔다.

크리스는 자리에서 일어나 아래층을 내려다보았다.

할아버지가 아니었다. 처음 보는 아저씨가 늘 할아버지가 쓸고 닦던 계단을 청소하고 있었다.

"저기, 아저씨……."

아저씨는 고개를 들고 크리스를 보았다.

"저, 여기 늘 청소하시는 할아버지……."

"아, 밥 할아버지 말이냐? 오늘부터 안 나오시는데."

크리스는 너무 놀라 아저씨를 멍하니 바라보았다.

'지난주에 아무 말씀도 하지 않으셨는데? 그리고 이렇게 말없이 약속을 어기실 분이 아닌데……?'

"할아버지께서 왜 안 나오세요?"

"편찮으셔서 병원에 입원하셨어."

순간 크리스는 가슴이 철렁 내려앉았다.

"저기, 어느 병원인지 혹시 아세요?"

"글쎄다……."

아저씨는 고개를 갸웃거렸다.

크리스는 마구 뛰는 가슴을 애써 가라앉히며 교실로 내려왔다. 그리고 초조한 마음으로 수업이 끝나기만을 기다렸다.

수업이 끝나자마자 크리스는 아빠에게 전화를 걸어 밥 할아버지의 소식을 전했다.

"그래? 어느 병원인지 모르겠다고?"

"네."

"혹시 할아버지 성함이 어떻게 되시니?"

"밥 티드웰 할아버지세요."

"아빠가 알아볼 테니 집에 가서 기다려 봐."

크리스는 교문을 나서자마자 집으로 달리기 시작했다. 그렇게라도 해야 불안한 마음을 조금이라도 가라앉힐 수 있을 것 같았다. 한결 포근해진 바람이 크리스의 뺨을 스쳤다.

집에 온 크리스는 컴퓨터 앞에 앉아 괜히 이 사이트, 저 사이트를 뒤져 보았다. 공부하려고 책을 꺼냈지만 내용이 눈에 들어오지 않았다.

그렇게 얼마나 있었을까? 거실에서 전화벨 소리가 요란하게 울려 댔다.

수화기에서 아빠 목소리가 흘러나왔다.

"크리스, 아빠야."

"네, 병원은 찾아보셨어요?"

"그래, 메소디스트 병원이더구나. 아빠가 데리러 갈 테니 조금만 기다리렴."

30분쯤 지나서 집에 도착한 아빠는 크리스를 차에 태우고 병원으로 향했다.

크리스는 할아버지의 병실 앞에 서서 잠시 멈칫했다.

"크리스, 너무 긴장하지 마. 할아버지는 괜찮으실 거야."

크리스가 손을 떨자 아빠는 크리스의 어깨를 다정하게 감싸 주었다. 크리스는 심호흡을 한 번 하고 손잡이를 당겼다.

병실 안에는 할아버지와 아저씨 한 분이 있었다.

"크리스, 어떻게 찾아왔니? 어이구, 아버지도 오셨네."

침대에 누운 밥 할아버지가 크리스와 아빠의 얼굴을 번갈아 보면서 말했다.

"안녕하세요? 크리스가 매우 좋아하는 분이라서 저도 꼭 뵙고 싶었습니다."

아빠가 침대 가까이로 다가가 인사를 했다.

"할아버지, 왜 편찮으시다고 말씀 안 하셨어요? 놀랐잖아요."

크리스는 투정을 부리듯 할아버지에게 달려가 말했다. 할아버지의 얼굴을 보자 자신도 모르게 눈물이 고였다.

"너무 놀랄 것 없어. 원래 나이가 많으면 아프기도 하고 그러거든."

할아버지는 누운 채 손을 뻗어 크리스의 손을 잡았다.

"아 참, 여기는 내 아들 아론이란다."

'아, 전에 병원에서 통화하셨던 분이구나.'

크리스는 아론 아저씨의 얼굴을 찬찬히 살펴보았다. 밥 할아버지처럼 둥근 얼굴에 포근한 미소를 가진 분이었다.

"자, 그리고 이쪽은 크리스와 아빠……. 인사들 하렴."

할아버지는 병실에 모인 사람들을 둘러보며 소개했다. 모두 웃는 얼굴로 인사를 나누었다.

"그나저나 급하게 오느라 빈손으로 왔네요."

아빠는 썰렁한 병실을 둘러보며 당황한 듯 말했다.

"아유, 말도 마세요. 꽃다발과 꽃바구니가 어찌나 많이 들어왔는지 병실이 가득 찰 지경이었죠. 아버지께서 다른 환자 분들에게 모두 나눠 주라고 하시는 바람에 지금은 하나도 없지만요. 아마 이 병원에 있는 환자 분들은 모두 아버지께서 나눠 주신 꽃을 하나씩은 갖고 있을 겁니다."

"아, 그랬군요. 찾아 주시는 분들이 많은 걸 보니 좋은 일을 많이 하셨나 봅니다."

아빠는 미소 띤 얼굴로 할아버지를 보며 말했다.

크리스는 여전히 할아버지의 손을 잡고 걱정스러운 표정을 지었다.

"할아버지, 많이 편찮으신 건 아니죠? 금방 퇴원하실 수 있는 거죠?"

"글쎄다……."

"안 돼요. 금방 나으셔야 해요. 저한테 더 많은 가르침을 주셔야 한단 말이에요."

크리스가 울먹이는 목소리로 말했다.

"크리스, 오늘은 내가 마지막 지혜를 이야기해 주기로 한

날이었지?"

"네."

크리스는 눈물을 쓱 닦으며 말했다.

"수첩은 가지고 왔니?"

"가방에 있어요."

"그럼 여기 의자를 당겨서 가까이 앉도록 해라."

크리스는 할아버지의 작은 목소리가 잘 들리도록 의자를 바짝 당겨 앉았다. 그리고는 가방에서 오렌지색 수첩을 꺼냈다.

"아론, 주머니에 있는 내 수첩을 갖다 주겠니?"

아론 아저씨는 할아버지의 옷에서 오렌지색 수첩을 꺼내 가지고 왔다. 그리고는 아빠의 팔을 잡으며 말했다.

"우리는 자리를 비켜 주는 게 좋을 것 같은데요?"

아빠와 아론 아저씨가 병실 밖으로 나가자 할아버지가 입을 열었다.

"그래, 일주일 동안 잘 지냈어? 과학 서클은 어떻게 되었는지 궁금하구나."

"일주일 동안 정말 많은 일이 있었어요. 아빠는 이제 저에게 남들을 이기고 최고가 되라는 말씀을 더는 안 하실 것 같아요. 이기는 게 아니라, 다른 사람들과 함께하면서 최고가 되는 방법을 알려 주셨거든요. 그리고 과학 서클 문제는 잘 해결되었어요. 진심으로 사과했더니 아이들이 제 마음을 받아 주었어요. 이제 조금 있으면 모형 비행기 대회가 열리는데, 그 비행기의 설계도도 제가 앞장서서 만들었어요. 아이들도 설계도가 마음에 든다고 했어요. 이젠 모두 잘될 것 같아요."

"오, 그래? 정말 다행이구나."

"그리고 제가 할아버지께 들었던 이야기들을 알렉스에게 전했어요. 그랬더니 알렉스도 할아버지를 무척 뵙고 싶어 하던걸요."

할아버지는 온화한 미소를 지으며 크리스를 쳐다보았다.

"이제 아무 걱정 하지 않아도 되겠구나. 모두 잘 해내는 걸 보니……."

"다 할아버지께서 도와주셨잖아요."

"그건 아니야. 모두 네가 스스로 한 일인걸. 크리스, 나는 네가 아주 기특하고 대견하단다."

크리스는 갑자기 마음 한구석이 울컥했다. 하마터면 눈물이 쏟아질 뻔했지만 꾹 눌러 참았다.

"자, 그럼 오늘 이야기를 시작해야지."

할아버지는 누운 채 수첩을 잠시 보고는 이내 덮었다.

"크리스, 혹시 한자에 대해 알고 있니?"

"아니요."

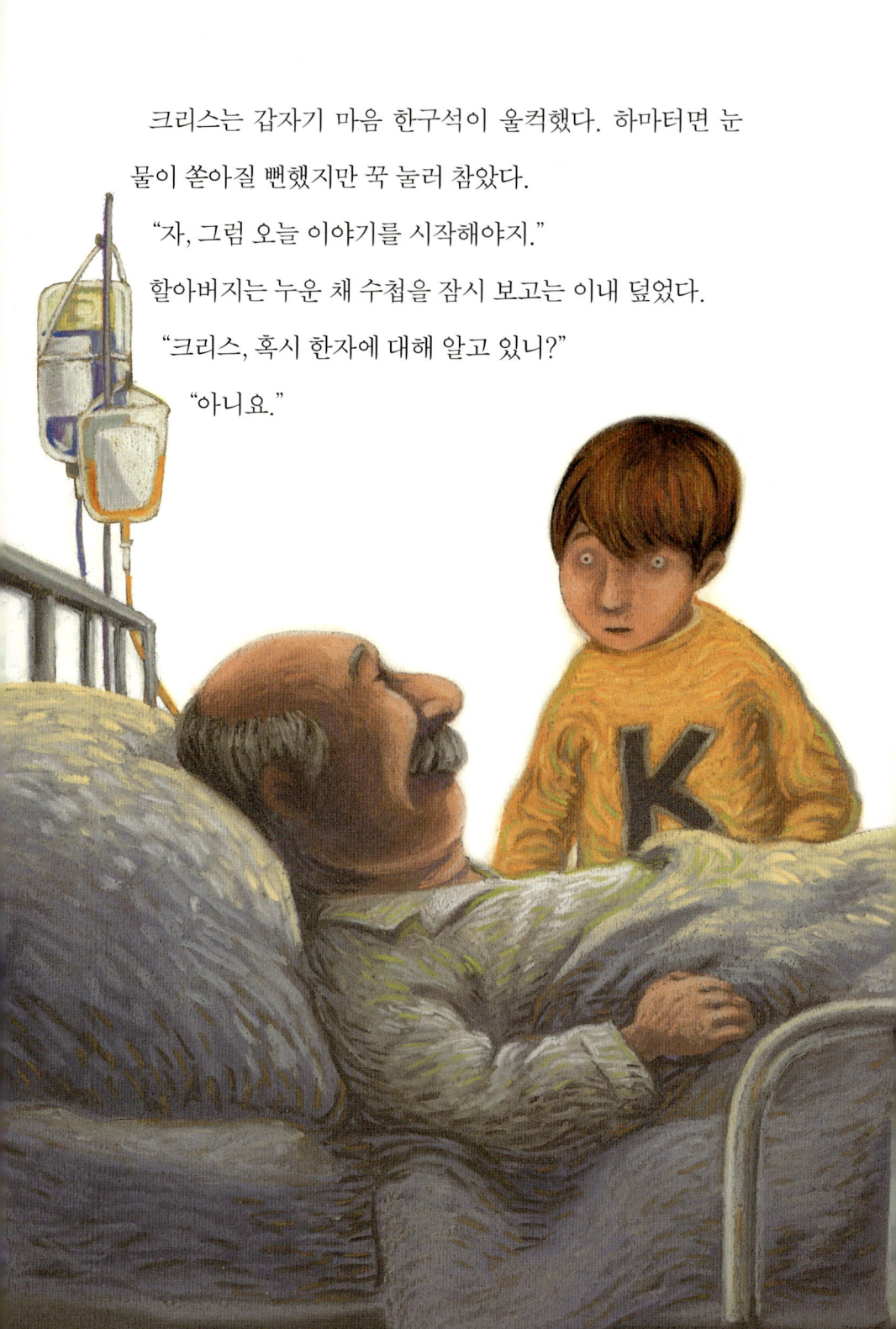

　크리스는 고개를 저었다.
　"한자는 오래전 중국에서 만든 글자란다. 한자는 각각의 낱글자가 모두 뜻을 가지고 있지. 가끔 보면 한자 가운데에는 뜻이 깊은 말들이 있어. 너, 티처(teacher)는 어떻게 만들어진 말인지 알고 있지?"

"네. '가르치다'를 뜻하는 티치(teach)에 '사람'을 뜻하는 er이 붙어서……."

"그래. 그러니까 우리말로는 '가르치는 사람'이라는 뜻이지. 그런데 한자에는 같은 뜻을 가진 '선생(先生)'이라는 말이 있단다. 여기에서 선은 '먼저'라는 뜻이고, 생은 '태어나다'라는 뜻을 가지고 있지."

"먼저 태어나다?"

"그래. 우리는 흔히 학교에서 지식과 정보를 가르쳐 주는 사람을 선생님이라고 생각하지만, 사실은 그게 아니란다. 나보다 먼저 태어난 모든 사람들, 다시 말해 부모님이나 할머니, 할아버지 그리고 이웃집 아줌마, 아저씨까지도 모두 선생님이 될 수 있지."

할아버지는 힘이 드는지 잠시 말을 멈추었다.

"넌 학교 청소부였던 이 할아비에게서도 삶의 지혜를 듣고 있지 않니?"

"그렇죠."

"나는 지금도 매튜 선생님의 얼굴을 잊지 못한단다. 크지 않은 키에 날씬한 몸매 그리고 웃을 때 생기는 눈가 주름이 아주 푸근해 보이는 분이었지. 그리고 먼저 떠난 아내 앨리스와 나를 끔찍이 아끼며 키워 주셨던 어머니와 아버지, 나를 친자식만큼이나 사랑해 주셨던 친척 어르신들……. 지금 생각해 보면 내가 잊지 못하는 많은 어른들이 나에게 큰 가르침을 주셨던 분들이라는 생각이 들어."

점점 더 힘겨워지는 할아버지의 목소리에 크리스는 눈시울이 뜨거워졌다.

"너보다 먼저 태어난 분들은 꼭 지식과 정보뿐 아니라 살아가는 지혜를 가르쳐 주신단다. 그러니까 앞으로 삶의 지혜를 어른들에게 배워 가며 살아가도록 하렴. 그리고 네가 자라 어른이 되었을 때, 그 지혜를 주변 사람들에게 꼭 나누어 주도록 해라."

"제가 그럴 수 있을까요?"

"그럼. 사실은 지금도 충분히 할 수 있지."

"지금도요?"

"넌 이미 기도를 통해 용기를 얻고, 너에게 가장 어려웠던 친구들과의 문제를 해결하지 않았니?"

크리스는 고개를 끄덕였다.

"만일 알렉스나 앤디 또는 다른 친구들이 힘겨운 일이 생겨서 괴로워할 때 너의 경험을 이야기해 주는 거지. 그럼 그 친구들도 용기를 낼 수 있는 자신만의 방법을 떠올리고 힘든 상황을 잘 이겨 낼 수 있지 않겠니?"

"아, 정말 그렇겠어요."

크리스가 환하게 웃으며 할아버지를 보았다.

"어때, 생각만 해도 기분 좋지? 다른 사람들에게 나의 지혜를 전달한다는 건 정말 행복한 일이란다."

할아버지는 힘겹게 말을 끝내고 눈을 감았다. 잠시 뒤 밖으로 나갔던 아론 아저씨와 아빠가 다시 병실로 들어왔다.

아론 아저씨는 할아버지에게 다가가 이불을 덮어 드리며 말했다.

"저, 아버지께서 주무시려나 봅니다. 오늘은 이만 하는 게 좋을 것 같네요."

크리스는 그제야 수첩을 펼쳐 마지막 지혜를 조심스럽게 적었다.

여섯 번째 지혜 : 삶의 지혜를 어른들로부터 배우렴

크리스와 아빠는 아론 아저씨와 인사를 나누고 병실을 나섰다.

"그래, 오늘은 무슨 이야기를 들었니?"

"살아가는 지혜를 어른들께 배우라고 하셨어요. 어른들 모두가 좋은 선생님이 된다고요."

"음, 그렇구나. 그러고 보니 나도 삼촌이 떠오르는구나."

"작년에 돌아가신 작은할아버지요?"

"그래. 정말 좋은 분이셨지."

"어떤 분이었는데요?"

크리스의 물음에 아빠는 빙그레 웃으며 말했다.

"아빠는 어릴 때 친구들과 노는 것만 좋아하고 공부를 아주 못했거든. 그래서 부모님께 혼도 참 많이 났는데, 그때 삼촌께서 무슨 일이든 열중할 수 있는 사람은 다른 일도 잘할 수 있다고 부모님을 설득해 주셨단다. 잘 노는 것도 아무나 하는 게 아니라고 말이야. 그리고 나에게는 언제든 공부하고 싶어지면 나중에 절대 후회하지 않을 만큼 푹 빠져서 해 보라고 말씀해 주셨지. 살아오는 동안 삼촌의 말씀은 정말 큰 힘이 되었어."

"정말이세요? 상상이 되지 않아요."

아빠는 웃는 얼굴로 크리스의 어깨를 감싸 주었다.

집으로 돌아온 크리스는 책상에 앉아 수첩에 적힌 지혜들을 몇 번이고 읽어 보았다. 그리고 할아버지를 만난 뒤 자신에게 일어난 변화를 하나씩 생각해 보았다.

가족들……. 할아버지를 만나기 전까지만 해도 크리스는 엄마, 아빠, 앤디와 한 발짝씩 떨어져 있다고 생각하고 외로움을 느꼈다. 하지만 이제는 아니었다. 마음을 열고 가족을 이해하기 위해 노력하다 보니 전에는 몰랐던 소중함도 알게 되었고, 가족애가 어떤 것인지도 느낄 수 있었다.

그리고 친구들……. 늘 혼자 힘으로 모든 걸 해결하고, 아무에게도 자신의 속마음을 말해 본 적 없던 크리스에게 친구란 별로 중요하지 않았다. 그렇지만 이제는 친구가 얼마나 중요한지, 친구들과 함께한다는 것이 얼마나 행복한 일인지 조금씩 알 것 같았다.

그리고 행복한 미래를 위한 준비는 나중에 하는 것이 아니라 바로 오늘이 모여 이루어지는 것이라고 생각하게 된 것도 놀라운 변화 가운데 하나였다. 이 모든 일이 밥 할아버지라는 한 분 덕분에 일어났다.

'밥 할아버지를 만난 건 나에게 기적과 같은 일이야.'

크리스는 수첩에 적힌 지혜들을 다시 한 번 읽어 보았다. 그리고 할아버지가 얼른 침대에서 일어나 다시 예전처럼 노래를 부르며 즐겁게 청소를 할 수 있게 되기를 기도했다.

며칠 뒤 크리스는 아빠가 한가한 날에 맞춰 또다시 할아버지의 병실을 찾았다. 할아버지는 전보다도 한결 편안해진 모습이었다.

"크리스, 그동안 잘 지냈니?"

"그럼요. 할아버지는 더욱 건강해지신 것 같아요."

"그래? 그렇다니 다행이구나."

"할아버지, 퇴원하시려면 아직 멀었어요?"

"퇴원?"

할아버지는 묘한 웃음을 지었다.

"크리스, 그동안 나와 나누었던 이야기를 모두 잘 기억하고 있지?"

"그럼요."

"그래. 내가 이야기해 주었던 지혜들을 어른이 될 때까지 잊지 않았으면 좋겠구나."

"절대 잊을 리 없어요."

그때 아빠의 휴대전화가 울리기 시작했다.

"이런……. 잠시만 실례하겠습니다."

아빠는 병실 한구석으로 가서 통화를 마친 뒤 크리스에게 말했다.

"크리스, 회사에 급한 일이 생겼다는구나. 아빠는 지금 가 봐야 할 것 같은데?"

크리스는 할아버지 병실에서 더 있고 싶었지만 어쩔 수 없었다.

"어서 가 보렴. 너는 정말 사랑스러운 아이란다."

할아버지는 잡고 있던 크리스의 손을 놓으며 말했다.

"네, 할아버지. 저, 다음에 또 올게요."

크리스는 할아버지에게 급히 인사를 건네고 병실을 나왔다. 그런데 병원을 나서 차를 타고 가는 길에 자꾸만 이상한 기분이 들었다.

"아빠, 할아버지한테 인사를 다시 해야 할 것 같아요."

"인사는 아까 했잖니."

"그런데 아무래도 인사를 너무 성의 없이 한 것 같아요."

아빠는 잠시 뭔가를 생각하더니 다시 휴대전화를 꺼내 들었다.

"빌리? 방금 전화로 전했던 그 일 말이야, 자네가 대신 처리해 주었으면 좋겠어. 지금 아주 중요한 일이 있어서 말이야. 응, 그래. 그럼 최대한 빨리 들어가 보겠네."

아빠는 크리스를 향해 눈을 찡긋해 보이고는 병원으로 차를 돌렸다.

"크리스, 아빠는 주차장에서 기다리고 있을 테니까 할아버지께 제대로 인사하고 오너라."

"네, 빨리 올게요."

크리스는 차에서 내려 서둘러 걷기 시작했다. 그런데 다시 찾아간 병실에는 누군가가 와 있는 듯했다.

크리스는 혹시라도 방해가 될까 봐 문밖에서 기다리기로 했다. 그런데 문틈으로 할아버지의 목소리가 새어 나왔다.

"로저, 이제 조금만 있으면 난 그동안의 추억을 간직한 채 편하게 쉴 수 있을 거야. 물론 이곳에 좀 더 머물 수도 있겠지만, 이제는 사랑하는 아내와 함께 편안히 쉬고 싶다네. 어떤가? 이제 슬퍼할 이유가 없다는 걸 알겠지?"

할아버지와 손님의 대화는 좀 더 계속되었다. 두 분이 나누는 이야기가 무슨 뜻인지 잘 알 수 없었지만 크리스는 왠지 모르게 숙연한 마음이 들었다.

잠시 뒤 손님은 엷은 미소를 지으며 병실을 나오다가 크리스와 눈이 마주쳤다. 인상이 좋은 아저씨는 크리스에게 눈인사를 했고, 크리스도 살짝 고개를 숙였다.

크리스는 문을 살며시 열고 병실 안을 들여다보았다. 할아버지는 잠이 들었는지 조용히 눈을 감고 있었다. 잠든 할아버지는 좋은 꿈을 꾸는 듯 평화로워 보였다.

크리스는 인사를 다시 하려던 생각을 바꾸고 아빠가 있는 주차장으로 발걸음을 돌렸다.

여섯 번째 지혜 — 삶의 지혜를 어른들로부터 배우렴

앞에서 미래는 현재가 쌓여 만들어지는 것이라고 했지요? 어른들은 여러분과 같은 현재를 거쳐 이미 미래에 가 계시는 분들이랍니다. 그렇기 때문에 풍부한 경험과 지혜를 가지고 계시지요.

물론 가끔은 어른들의 잔소리가 듣기 싫기도 하고, 혼자 판단하고 행동하고 싶을 때도 있을 거예요. 하지만 어른들이 여러분에게 해 주시는 말씀 한 마디, 한 마디에는 여러분에 대한 깊은 애정과 인생의 지혜가 담겨 있다는 것을 절대 잊지 마세요.

마지막 인사

교회 정문 앞에 선 크리스는 심호흡을 한 번 했다. 정말 믿어지지 않았다. 밥 할아버지께서 돌아가시다니…….

"크리스, 이제 그만 들어가자. 언제까지 여기 서 있을 순 없잖니?"

아빠가 크리스의 어깨를 감싸며 말했다.

크리스는 아빠와 엄마, 앤디 그리고 알렉스와 함께 할아버지의 추모식이 열리는 교회로 왔다. 알렉스는 크리스에게 꼭 같이 가게 해 달라고 부탁해서 함께 오게 되었다.

큰 교회는 사람들로 가득 차 있었다. 얼마나 많은 사람들이 몰렸는지, 본당을 가득 채우고도 모자라 복도에까지 넘쳤다.

성가대가 부르는 노래 가운데에는 찬송가 말고도 크리스가 아침마다 들었던 '우정의 노래'도 있었다. 노래가 나오는 동안 크리스의 머릿속에 해맑게 웃으며 계단을 청소하는 할아버지의 모습이 떠올라 마음이 아팠다.

노랫소리가 멈추고 잠시 뒤, 한 아저씨가 단상 위로 올라섰다. 가만히 보니 병원에서 잠깐 마주쳤던 아저씨였다.

"먼저 여러분 앞에 설 수 있는 기회를 주신 밥 아저씨의 가족들께 감사드립니다."

아저씨는 한쪽에 앉아 있는 가족들에게 눈인사를 건넨 뒤 이야기를 계속했다.

"이 자리에는 밥 아저씨의 오랜 친구 분들이 많이 와 계시겠지만, 저는 솔직히 그분을 알게 된 지 얼마 되지 않았습니다. 비록 짧은 시간의 만남이었지만 밥 아저씨는 제게 매우 특별한 분이셨습니다. 제가 길을 잃고 헤매고 있을 때 그분이 제 삶에 나타나셨습니다. 저는 마치 폭풍을 만난 나그네처럼 절망에 빠져 허우적대고 있었고, 제가 걸어

가야 할 길에서 점점 더 멀어져 가고 있었습니다. 그때 아저씨는 진심 어린 우정으로 흔들리는 제 발길을 잡아 주셨고 옳은 방향을 일러 주셨습니다."

아저씨의 연설을 듣다 보니 크리스의 머릿속에 밥 할아버지와의 만남이 스쳐 지나갔다.

처음 계단에서 만났을 때 익살스러웠던 할아버지의 표정, 자전거를 탔을 때 포근하게 느껴졌던 할아버지의 등……. 그 뒤 만날 때마다 손자에게 옛날이야기를 하듯 편안하게 들려주신 소중한 지혜들 그리고 그 속에서 변화되어 갔던 자신의 모습…….

어느새 크리스의 눈에 눈물이 그렁그렁 맺혔다. 옆에 앉아 있던 아빠가 크리스의 손을 꼭 잡아 주었다.

"저 외에도 수많은 분들이 밥 아저씨를 통해 진정한 삶의 의미를 깨달으셨을 거라 생각합니다. 분명 이 자리에도 많이 와 계시리라 믿습니다. 그분들은 '여섯 가지 지혜'에 대해 알고 계실 것입니다. 그 지혜로운 가르침을 우리에게 전해 준 밥 아저씨께 하나님의 축복이 있기를 간절히 빕니다."

그때 누군가가 조심스럽게 손을 들었다. 연설에 동의한

다는 뜻이었다.

곧이어 사람들의 손이 하나 둘씩 올라가기 시작했다. 크리스도, 크리스의 가족도, 알렉스도 손을 번쩍 들어 올렸다. 모두가 할아버지의 '여섯 가지 지혜'로 행복을 얻은 사람들이었다.

추모식이 끝나고 크리스는 가족들과 알렉스와 함께 교회 문을 나섰다. 크리스는 추모식 이후에 할아버지를 산소에 모시는 것까지 보고 싶었지만, 밥 할아버지 가족의 부탁으로 발길을 돌려야 했다.

"이렇게 많은 사람들이 할아버지 가시는 길에 함께하는 걸 보니 참 행복한 어르신이구나."

아빠가 숙연한 표정으로 말했다.

"살아 계셨을 때 뵙지 못한 것이 정말 아쉽네요. 그런데 여보, 크리스가 몇 달 사이에 부쩍 큰 것 같지 않아요?"

엄마가 크리스의 어깨를 감싸 안으며 말했다.

크리스는 엄마를 향해 빙긋 미소를 지어 보였다.

"크리스, 그러고 보니까 너 할아버지 말씀을 나한테 모두 전한 게 아니더라. 서운하게…….”

크리스의 옆에서 걷던 알렉스가 앞을 바라보며 말했다.

“아, 일부러 그런 게 아니라…….”

크리스는 당황한 듯 두 손을 내저었다.

“하하하, 농담이야. 대신 나머지 이야기는 잊지 말고 꼭 들려줘야 해.”

“알았어. 아 참, 토요일마다 도서관에 가니까 그때마다 하나씩 들려주면 어떨까?”

“좋아.”

“음, 그렇다면 너도 부지런히 오렌지색 수첩을 준비해 두는 게 좋을 거야.”

“오렌지색 수첩?”

알렉스가 고개를 갸웃거렸다.

“그런 게 있어.”

크리스는 흐뭇하게 웃었다. 오렌지색 수첩을 생각하니 다시 한 번 할아버지의 얼굴이 머릿속에 아른거렸다.

크리스는 교회를 나오다 말고 뒤를 돌아보았다. 그리고 잠깐 동안 눈을 감고 병원에서 하지 못했던 마지막 인사를 마음으로 건넸다.

'밥 할아버지, 저에게 다가와 주셔서 정말 고마워요. 할아버지는 앞으로도 영원히 저와 함께 계셔 주실 거죠? 할아버지 덕분에 하고 싶은 일이 너무나 많아졌는데, 그걸 잘 해낼지 지켜봐 주셔야 하잖아요. 그리고 할아버지께서 남겨 주신 소중한 지혜들, 저도 앞으로 많은 사람들에게 나누어 주며 살게요. 할아버지와 함께하는 동안 정말 행복했어요. 이제 편히 쉬세요.'

밥 할아버지가 들려주는 여섯 가지 지혜

· 첫 번째 지혜 ·

좋은 취미를 가지렴

· 두 번째 지혜 ·

가족이 곁에 있다는 것은 축복이란다

· 세 번째 지혜 ·

투덜대지 말고 기도를 해 보렴

· 네 번째 지혜 ·

배운 것을 친구들과 나누렴

· 다섯 번째 지혜 ·

현재는 미래를 위한 준비란다

· 여섯 번째 지혜 ·

삶의 지혜를 어른들로부터 배우렴